Mima

Strandläufer-Schmuck

Mima Hohmann

Strandläufer-Schmuck

Vom Fundstück zum Schmuckstück

1. Auflage 2020

Alle Rechte bei der Autorin
Vervielfältigung von Text, auch auszugsweise, sind nur mit Genehmigung
der Autorin gestattet.

Bilder: Mima Hohmann
Umschlaggestaltung: Roland Poferl Print-Design, Köln
Layout und Lektorat: Verlagsservice Monika Rohde, Leipzig
Herstellung und Verlag: BoD – Books on Demand, Norderstedt

ISBN 9783752643831

Inhalt

Die Schmuckgestaltung

Glaskunst mit Schneckenhaus. Fotografiert auf Malta.

Vorwort

Es gibt für mich keine bessere Erholung, als an einem Strand entlang zu laufen und zu sammeln – Muscheln, Schneckenhäuser, Steine, Knochen, Treibholz, Federn, abgeschliffenes Glas, und was sich noch so alles finden lässt. Im Folgenden verwende ich die Begriffe: Muschel und Schneckenhaus und nicht Muschelschale und Schnecke. Wir reden vom „Muscheln sammeln", meinen damit aber das Sammeln von Muschelschalen. Beim „Schnecken sammeln" denken hingegen die meisten an lebende Schnecken und nicht nur an das Schneckenhaus. Aus diesem Grund: Schneckenhaus.

An den Stränden dieser Welt liegt so mancher Schatz, der nicht erkannt wird, weil wir nur eine schnöde Muschel oder ein Stück Glas sehen. Aber was passiert, wenn wir diese Muschel, den Stein oder das Glas aufheben und uns genauer anschauen?

Sie gehören bestimmt auch zu den Menschen, die das tun und so manches Schmuckstück zu Hause herumliegen haben, oder?

Von Beruf bin ich Tierärztin. Mein Traumberuf, aber manchmal ist er anstrengend und erschöpfend. Da freue ich mich dann besonders auf eine Auszeit und den kommenden Urlaub. Als Strandläuferin unterwegs zu sein und etwas zu sammeln, bedeutet für mich Erholung pur. Aus diesem Grund heißt das Buch auch Strandläufer-Schmuck.

Einige besonders schöne Muscheln, Steine oder andere ausgefallene Dinge nehme ich mit nach Hause. Dort liegen sie in Schalen und Schälchen herum, Treibhölzer liegen auf meinem Schreibtisch und stehen in Ecken und Winkeln des Hauses – zum Leidwesen meines Mannes.

Vor einigen Jahren fing ich an, Halsketten aus Perlen zu gestalten. Auf die Idee, aus Muscheln und anderen Fundstücken Schmuck herzustellen, kam ich kurz vor dem Urlaub auf Mauritius. Mein Mann sagte: „Diesmal bitte keine Muscheln mit nach Hause bringen, hier liegt schon genug herum!" Da hatte er ja Recht, aber das Sammeln macht mir doch so viel Spaß. Was nun? So kam es, dass einige kleine Glas-, Holz- und Quetschperlen, 2 m Schmuckdraht, eine Zange und fünf Kettenverschlüsse mit in den Urlaub flogen. Ich sammelte Muscheln wie immer, und am Ende des Urlaubs fing ich an, aus den besten Stücken Halsketten zu basteln. Damit begann alles.

Bevor es losgeht, eine Bitte

In einigen Ländern ist das Sammeln von Muscheln und Schneckenhäusern strengstens verboten! Bitte achten Sie auf die Landessitten und -gesetze. Sammeln Sie dann lieber andere Dinge am Strand wie Steine, Glasscherben, Holz usw. Eine Geldbuße muss nicht sein und trägt auch nicht unbedingt zu einer guten Urlaubsstimmung bei! Machen Sie ein schönes Foto von der Muschel oder dem Schneckenhaus und freuen Sie sich zu Hause über die tollen Fotos. Das macht definitiv mehr Freude.

Hier fand ich eine schöne Muschel im Meer beim Schnorcheln. Am Strand hatten wir alle viel Spaß bei unserem Fotoshooting.

Am Ende haben wir die Muschel wieder im Meer versenkt, da es in diesem Land verboten ist, Muscheln auszuführen.

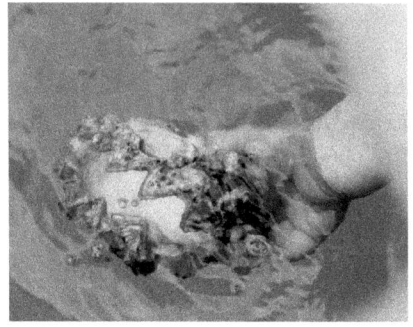

Strandgut finden Sie an allen Stränden dieser Welt.

Achtung: Bitte **niemals** eine Koralle im Meer bewusst zerstören oder abbrechen, damit Sie sich ein Schmuckstück kreieren können! Die Koralle benötigt mehrere Jahre, um einige Zentimeter zu wachsen und es sind Lebewesen!

An manchen Stränden liegen genug angespülte Korallenstücke herum!

Bitte auch keine lebenden Muscheln, Seesterne, bewohnte Samenhülsen oder andere bewohnte Strandgüter sammeln. Selbst scheinbar leere Schneckenhäuser und Muscheln könnten bewohnt sein! Das widerspricht dem Verständnis einer Strandläuferin, die nur gefundene Stücke, in denen kein Leben mehr ist, verarbeiten möchte.

Kontrollieren Sie bitte Ihre Sammelstücke und lassen Sie sie kurz irgendwo liegen, bevor Sie mit der Schmuckherstellung beginnen. Falls sich ein Tier in Ihrem Sammelsurium vom Strand befindet, kommt es nach kurzer Zeit heraus, wenn die Umgebung zu trocken wird. Bitte das Tier mit seinem Zuhause wieder an den Strand zurücklegen. Es sollte kein Tier für eine Halskette oder ein sonstiges Schmuckstück sterben.

Achtung: Schwarze Korallen stehen unter Naturschutz. Diese darf man auch nicht sammeln oder aus dem Land, in dem Sie sich befinden, ausführen! Auch gekaufte Schmuckstücke werden Ihnen vom Zoll abgenommen und das zu Recht. Bitte die schwarze Koralle liegen lassen, sonst kann es sehr teuer werden!
Bei anderen Korallen bitte immer erst nachschauen, ob sie unter Artenschutz stehen. Siehe: www.artenschutz-online.de

Einsiedlerkrebse leben in verlassenen Muscheln und Schneckenhäuern. Achten Sie auf Ihre Mitgeschöpfe.

Fertig verpackte Muscheln, Schneckenhäuser und ein Seestern, der gerne älter geworden wäre. Bitte davon Abstand nehmen, zumal oft viele der Muscheln und Schnecken- häuser nicht aus der Region stammen, in der Sie gerade Urlaub machen.

Auch gekaufte Muscheln und Schneckenhäuser sind nicht unbedingt das, was Sie aus dem Urlaub mitnehmen sollten. Viele davon stehen unter Arten- schutz und werden Ihnen spätestens am Flughafen abgenommen. Außerdem haben Sie diese Stücke nicht selbst gesammelt, und der ideelle Wert ist doch das Besondere an Ihrem Schmuck.

Die Methoden des Schmuckherstellens aus und mit Strandgut habe ich im- mer weiter perfektioniert. Dieses Buch soll Ihnen, liebe Leserinnen und Leser, Anregungen geben, was Sie alles aus Ihren gesammelten Schätzen herstellen können.

Schon seit Jahrtausenden verwendet die Menschheit Naturmaterialien, um sich zu schmücken. Wie neueste Forschungsergebnisse belegen, schmückte sich der Mensch schon vor mehr als 100.000 Jahren mit Muscheln (siehe www.wikipedia.de: Schmuck). Aus der Altsteinzeit gibt es Halsschmuck in Form von ein- und mehrgliedrigen Halsketten, die aus Muscheln, Schne- ckenhäusern, Tierzähnen, Steinen und Knochen bestehen, wie Grabbeigaben beweisen. Die Techniken der Schmuckherstellung wurden von den Künstle- rinnen und Künstlern immer mehr verfeinert.

Muscheln waren Statussymbole und sind es bei manchen Naturvölkern noch heute. Sie erhöhen die Attraktivität der Schmuckträgerin oder des Schmuck- trägers.

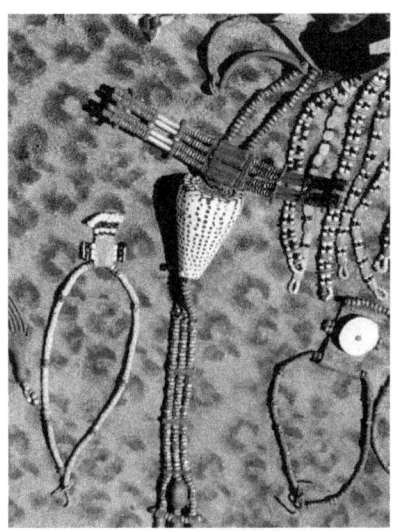

Schmuck der Himba-Frauen in Namibia. Die Kette in der Mitte mit der Kegelschnecke (Konus leopardus = Leopardenkegel) wird auf Höhe der Brust getragen.

Kostüm der Oya, Göttin des Flusses Niger. Grassi-Museum, Leipzig.

Auch als Türvorhänge, Ziergegenstände oder Musikinstrumente wurden und werden Muscheln und Schneckenhäuser verwendet.

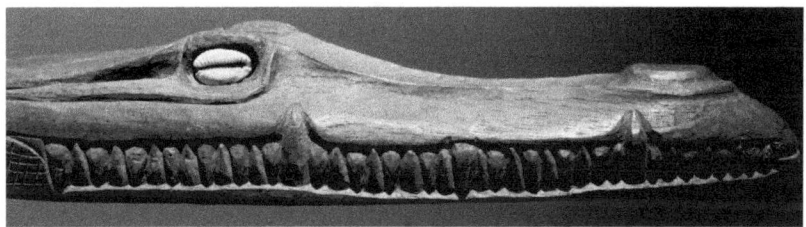

Bugspitze eines Einbootes in Form eines Kaimankopfes, mit einem Auge aus einer Kaurischnecke. Grassi-Museum, Leipzig.

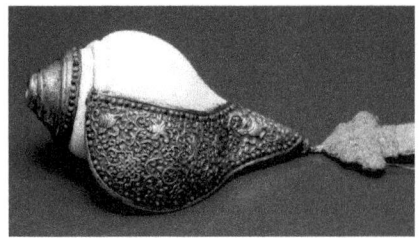

Außerdem dienten und dienen sie zur Verschönerung von Gegenständen. Schmuck aus Naturmaterialien hat also eine lange Geschichte. Reihen Sie sich ein in die Karawane der Schmuckdesignerinnen und -designer und entdecken Sie, welche Künstlerin oder welcher Künstler in Ihnen steckt.

Meer? Mehr sehen! Versuchen Sie, mehr zu sehen als andere, wenn Sie Strandgut aufheben. Lebt ein Tier in der Muschel oder im Schneckenhaus? Ist der Samen sehr zerbrechlich und ungeeignet für die Schmuckherstellung? Spricht Sie die Form der Glasscherbe besonders an? Sehen Sie die Glasscherbe bereits als Anhänger an Ihrem Hals oder eher in der Schale im Badezimmer als schönen Blickfang? Ist es nur ein Stein für Sie oder mehr? Lassen Sie Ihre Inspiration von der Leine des Alltags. Lassen Sie sie schweben und sich austoben!

Viel Spaß dabei, wenn ihre Fantasie bei der Herstellung Ihrer individuellen Schatzkiste freien Lauf bekommt.

Mima Hohmann
Leipzig 2020

Grundlagen

Materialien und Ausstattung

Um Halsketten und anderen Schmuck aus Strandgut zu erschaffen, laufen Sie erst einmal am Strand entlang und fangen mit dem Sammeln an. Beutel oder Körbchen für das Sammelsurium nicht vergessen und gute Erholung dabei! Vielleicht haben Sie ja schon einiges gesammelt und können direkt loslegen. Sie haben Ihre Schmuckstücke gefunden: Muscheln, Steine, Treibgut, Holz u. a. und können mit der Schmuckherstellung beginnen.

Das Fädelmaterial

Als Erstes sollten Sie sich Gedanken über das Fädelmaterial machen. Möchten Sie Ihre Schmuckstücke an einem Lederband, einem Schmuckdraht, an Baumwoll- oder Perlonfäden befestigen? Welche Stärke oder Dicke sollte das Fädelmaterial haben? In welcher Farbe? Wollen Sie fertige Halsketten verwenden oder alles selbst herstellen? Wie schwer wird am Ende die Kette? Je schwerer, desto kräftiger sollte das Fädelmaterial sein.
Die folgenden Materialien gibt es in verschiedenen Farben und Stärken (von sehr dünn bis sehr dick).

Verwenden können Sie:

Schmuckdraht Es gibt ihn in verschiedenen Farben, mit Gold oder Silber überzogen und in Drahtstärken von 0,1 bis 2 mm (in der USA wird die Drahtstärke in AWG (American Wire Gauge = Drahtdurchmesser) angegeben, z. B. AWG 38 = 0,1 mm bis zu 12 AWG = 2 mm). Mit der Drahtstärke 0,6 bis 0,8 mm lassen sich stabile Halsketten herstellen.

15

Schmuckdraht in unterschiedlichen Farben und Stärken.

Ist der Draht zu dünn, ist die Gefahr größer, dass er knickt, und damit die Halskette ihre Form und Schönheit verliert, besonders wenn der Schmuckdraht nicht durch Perlen stabilisiert wird.

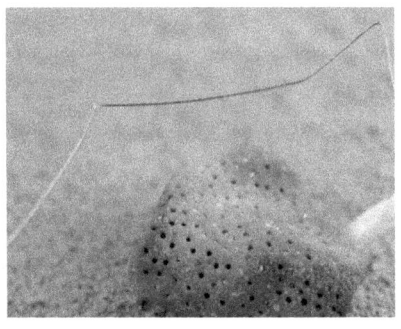

Draht mit Knick. Schade um die Halskette.

Mit dickerem Draht lassen sich gut Steine, Glas und anderes Strandgut einfassen, die Sie nicht durchbohren können oder möchten, um ihre Schönheit im Ganzen zu bewahren.

Dann gibt es fertige Halsreifen mit verschiedenen Verschlüssen, die Sie für Anhänger verwenden können. Sie sind vom Material her etwas dicker und Sie benötigen Perlen oder Muscheln und Steine mit großen Löchern. Bitte keine Drahtreste in den Müll werfen. Selbst Reste lassen sich zu Halsketten verarbeiten, siehe im Kapitel *Mit Muscheln und Schneckenhäusern*, S. 53.

Fädelgarn: Wird aus Leinen, Hanf oder Seide hergestellt. Es ist nicht nur im Bastelzubehörgeschäft zu finden, sondern auch in der Kurzwarenabteilung des nächsten Kaufhauses, im Strickladen oder in einem Geschäft für Bootszubehör (zur Reparatur oder Herstellung von Bootssegeln).

Gummiband: Wenn Sie ein elastisches Armband oder ein eng anliegendes Collier wollen, eignet sich ein Gummiband am besten. Probieren Sie die Stärke des Gummibandes aus, bevor Sie mit der Herstellung anfangen. Es sollte kräftig genug sein und nicht gleich mit dem ersten leichten Zug reißen.

Lederband: Sieht rustikal und naturverbunden aus.

Baumwollband, synthetisches Garn oder transparente Perlonfäden: Sie eignen sich zum Umstricken und Umhäkeln der Schmuckstücke oder wenn Sie etwas zusammenknoten wollen oder für ein Schmuckstück, bei dem der Faden z. B. nicht zur Geltung kommen soll.

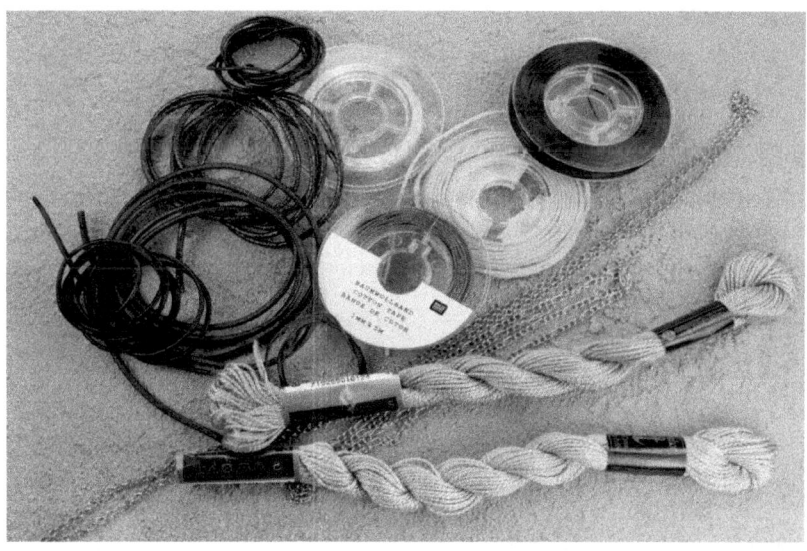

Lederbänder und beschichtete Baumwollbänder in verschiedenen Stärken und Farben und einige fertige Kettenformen.

Mein Favorit bei der Schmuckherstellung ist der Schmuckdraht in verschiedenen Stärken und Farben (Silber, Gold und Kupfer).

Der Kettenverschluss

Wollen Sie einen fertigen Verschluss verwenden oder ihn selbst herstellen? Welche Form, Größe und Farbe soll er haben, aus welchem Material? Wie sicher soll der Verschluss sein? Wird die Halskette am Ende schwer, sollten Sie einen dickeren Verschluss verwenden. Ist z. B. die Halskette zu schwer und der Knebelverschluss zu dünn, kann er auseinanderbrechen, und die Kette zerbricht oder geht verloren. Leider habe ich das alles schon erlebt.

Wollen Sie die Kette am Ende zusammenknoten, entfällt die Frage des Verschlusses.

Für jede Art von Verschlüssen brauchen Sie Quetschperlen. Das ist eine spezielle Perle, die es in verschiedenen Farben und Größen gibt. Sie wird mit einer Zange zusammengedrückt, also gequetscht, und damit die Schlinge, die Perle, der Verschluss oder ein anderes Schmuckstück an dieser Stelle fixiert.

Am Ende des Auffädelns wird an beiden Enden des Schmuckdrahtes der Kettenverschluss angebracht, indem das Drahtende erst durch eine Quetschperle gefädelt wird, dann durch den Kettenverschluss. Den Schmuckdraht danach nochmals durch die Quetschperle fädeln, diese mit der Rundzange zusammenquetschen und das Drahtende abschneiden. Das eine Ende der Halskette ist damit vollendet. Das zweite Ende des Drahtes wird – wiederum mit einer Quetschperle – am zweiten Teil des Kettenverschlusses befestigt. Fertig ist Ihre erste Halskette.

Hier sehen Sie die Quetschperle, die den Kettenverschluss hält. Anmerkung: Wie Sie hier auf dem Foto sehen, habe ich nicht aufgepasst und einen silbernen Schmuckdraht mit einem goldenen Verschluss kombiniert. Besser wäre ein silberner Kettenverschluss gewesen.

Von oben links nach rechts unten: Knebelverschlüsse mit Stäben, Drehverschlüsse, gibt es in dieser Form auch als Magnetverschlüsse, Karabinerverschlüsse und ein selbst hergestellter Verschluss. Außerdem gibt es noch Federring-, Magnet-, Fleischerhaken-, Hebeldruckverschlüsse usw.

Verwenden Sie die Quetschperle als Abschluss nach einer Perle oder einem anderen aufgefädelten Gegenstand, dann achten Sie bitte darauf, dass Sie die Quetschperle senkrecht zum Schmuckdraht quetschen. Die gequetschte Perle sollte größer sein, als die Öffnung an dem aufgefädelten Gegenstand, sonst rutscht Ihnen alles wieder vom Schmuckdraht herunter.

Quetschperle (roter Pfeil) als Abschluss nach einer Perle.

19

Verschluss selbst herstellen

Für einen eigenen Verschluss formen Sie aus dem einen Ende des Schmuckdrahtes eine Schlinge und fixieren diese mit einer Quetschperle. Am anderen
Ende des Schmuckdrahtes befestigen Sie z. B. eine Perle, eine Muschel oder
einen Stein. Dabei immer darauf achten, dass der befestigte Gegenstand zum
einen noch durch die Schlinge geht und zum anderen genügend Stabilität
aufweist, um die fertige Halskette zu tragen. Nichts ist fataler, als wenn das
schöne Schmuckstück Ihnen am Ende vom Hals rutscht und die Muscheln
oder Glasscherben zerspringen.

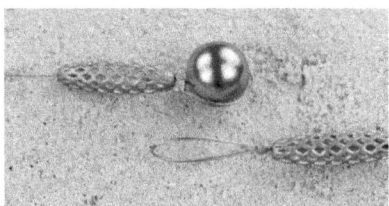

Selbst hergestellter Perlenverschluss. Da
hier dünner Schmuckdraht verwendet
wird (Stärke 0,5 mm), zieht sich die
Schlinge zusammen und rutscht damit
nicht mehr von der Perle, wenn die Kette
am Hals hängt.

Meine erste Grundausstattung bestand, wie auf dem Foto links unten zu sehen ist, aus: Zwei Schmuckdrähten in der Stärke von 0,6 und 0,8 mm, 10 Kettenverschlüssen, Quetschperlen, einer kleinen Rundzange, einer alten Nagelschere, mehrere Döschen mit Perlen in den verschiedenen Farben und Formen, Papiertaschentücher und einem kleinen Uhrmacherbohrer mit einem 0,6 mm Bohrer. Und natürlich viel Fantasie, um sich das Schmuckstück erst einmal vorzustellen. Wie Sie sehen, brauchen Sie nicht viel Material in den Urlaub mitzunehmen.

Später kamen hinzu: Viele verschiedene Perlen aus Glas, Holz, Plastik, Stein und Metall und natürlich Strasssteine. Außerdem noch Muscheln, Schneckenhäuser, Steine, Halbedelsteine, Knochen, Federn und was sonst noch so alles am Strand herumlag. Oder Fundstücke aus verschiedenen botanischen Gärten, aus dem Hühner- und Entenstall, von einem Falknerfreund, vom Flohmarkt und von diversen Wanderungen. Ein kleiner Uhrmacherbohrer mit verschiedenen Bohrgrößen (0,4 bis 0,8, je nach Drahtstärke oder Muschelgröße), ein Drillbohrer und ein Dremel für zu Hause kamen hinzu. Dieser ist eher selten für den Urlaub, um ehrlich zu sein.

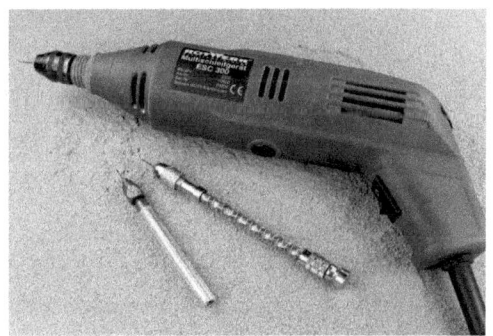

Der Uhrmacherbohrer (links unten) und der Drillbohrer (Mitte) fahren immer mit in den Urlaub. Der Dremel ist für zu Hause. Für alle drei Werkzeuge können Sie Bohrer der Stärke 0,6 bis 2 mm verwenden.

Neben den Bohrern benötigen Sie noch verschiedene Zangen, eine kleine Schere und eine Nagelfeile für die spitzen Kanten, die eventuell an den Muscheln und Schneckenhäusern vorhanden sind.

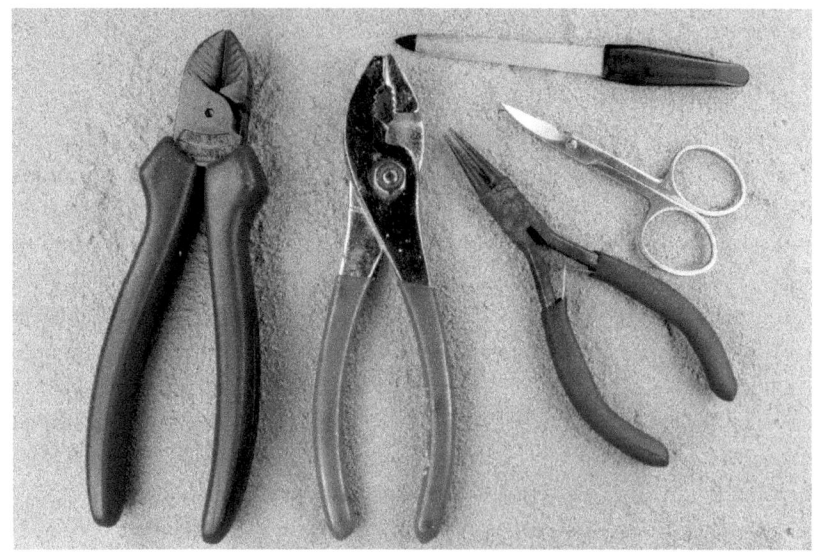

Von links: Seitenschneider, Flachzange, Rundzange, Nagelschere und Nagelfeile.

Zum Bemalen der Muscheln, Schneckenhäuser, Samen und Steine benötigen Sie Pinsel, Nagellack und verschiedene Farben (matter Klarlack, Ölfarben, Konturenfarbe, Seidenmalfarben usw.). Blattgold und Anlegemilch nutze ich zum Vergolden. Welche Farbe ich wann und wo verwendet habe, beschreibe ich bei den einzelnen Schmuckstücken.

Sammeln Sie, tauschen Sie sich aus mit Ihren Freundinnen und Freunden und Ihre Sammlung wird wachsen. Auf der einen Seite entspannen Sie sich beim Strandspaziergang und auf der anderen Seite lernen Sie beim Tauschen die Sammelleidenschaften Ihrer Freunde kennen. Gutes Gelingen!

Das Schmuckstück an sich

Was soll es werden?

Fangen Sie am besten mit einer einfachen Halskette an. Dabei sollte die erste Frage lauten, die Sie sich stellen: „Was soll es werden?" Zum Beispiel:

➤ Ein Kollier (36 bis 43 cm lang): Es wird eng am Hals getragen und ist häufig mehrreihig.
➤ Ein Kropfband (41 bis 46 cm): Das Kropfband liegt direkt über dem Schlüsselbein auf Höhe der Schilddrüse (eine vergrößerte Schilddrüse = Kropf, daher der Name).
➤ Eine Prinzessin (43 bis 48 cm): Sie stellt die beliebteste Länge bei Halsketten dar.
➤ Eine Matinee (51 bis 64 cm): Diese Kette kommt auf dem Brustbein zu liegen und wirkt mit einem großen Anhänger sehr gut.
➤ Eine Oper (66 bis 91 cm): Die Oper hängt bis unterhalb des Brustbeins.
➤ Eine Schnur (länger als 114 cm): Sie kann bis zum Nabel gehen und betont den gesamten Oberkörper.
➤ Ein Lasso (länger als 114 cm und nicht geschlossen. Sie wird am Ende geknotet): Das Lasso setzt durch die Knoten an ihrem Ende den besonderen Effekt.

Verwende ich nur Strandutensilien oder auch Perlen?

Ich finde Halsketten mit Perlen interessanter. Verwenden Sie nur gefundenes Material hat das zwar auch seinen eigenen Reiz, aber ich liebe es, mit Perlen zu arbeiten. Legen Sie sich eine kleine Perlensammlung aus verschiedenen Größen und in Ihren Lieblingsfarben an. Die Perlen am besten in einem kleinen Kästchen aus dem Baumarkt oder in kleinen Döschen aufbewahren. Diese lassen sich gut mit in den Urlaub nehmen.

Perlen in verschiedenen Größen, Formen und Farben.

24

Warnung!
Mit der Zeit wächst Ihre Strandgutsammlung. Kaufen Sie sich am Anfang lieber gleich größere Setzkästen für zu Hause und ein bis zwei kleine Kästchen, die Sie in den Urlaub mitnehmen können. Es lohnt sich!

Eine meiner Kisten mit Strandgut und verschiedenen Perlen. Die Sammlung ist über die Jahre gewachsen, und das wird sie auch bei Ihnen.

Die folgende Kette ist eine Kombination aus Strandgut und Glasperlen. Durch die Glasperlen wird ein Akzent gesetzt.

*In der Mitte ein Fischschädelknochen, zwei Glasperlen, Schneckenhäuser und unter-
schiedlich große kupferfarbene Perlen.*

Das Kapitel über Schmuck aus Fischknochen ist von mir aus seuchenhy-
gienischen Gründen nicht ins Buch aufgenommen worden. Kleiner Tipp
am Rande: Knochen, die Sie zur Schmuckherstellung verwenden wollen,
bitte vorher mindestens 20 bis 30 Minuten in Salzwasser abkochen. Am
besten mit viel Salz im Kochwasser. Hängen noch tierische Reste am Knochen, lassen Sie ihn besser liegen. Sie wissen nicht, warum das Tier gestorben ist und könnten sich diverse Keime einfangen. Besser sind die vom
Meer glatt polierten Knochen zu verwenden. Aber auch diese sollten vor
Gebrauch abgekocht werden.

Je kleiner das Objekt, das am Ende an der Kette hängen soll, desto kürzer
sollte die Halskette sein, sonst kommt es nicht richtig zur Geltung. Ist das
Objekt zu leicht, lässt sich z. B. Sand in die Muschel füllen und sie dann erst
verschließen oder sie hängen noch ein schwereres Objekt, z. B. einen Stein
oder zwei Drahtspiralen dazu. An einem fertigen Halsreif lassen sich gut
leichte Objekte mit einer Drahtöse befestigen (siehe Seite 179).

Leichter Samen mit Drahtschlinge, Lederband am Ende verknotet, schwarze Holzperlen und mit Silberfarbe angemaltes Verpackungsmaterial.

Die Halskette war am Ende zu leicht und hing nicht richtig herunter. Aus diesem Grund habe ich sie mit zwei gekauften Drahtspiralen beschwert. Ein zweites Beispiel mit einem großen Samen finden Sie im Kapitel *Mit Samen und Holz*, Seite 129.

Wird die Halskette aus leicht zerbrechlichem Material hergestellt, ist ein Federringverschluss oder ein Karabinerverschluss besser. Es ist wirklich schade, wenn sich der Verschluss plötzlich öffnet und die schöne Muschel- oder Korallenkette auf dem Boden zerbricht.

Meine erste Kette aus einer Koralle zerbrach leider, da sich der Verschluss öffnete und sie zu Boden fiel.

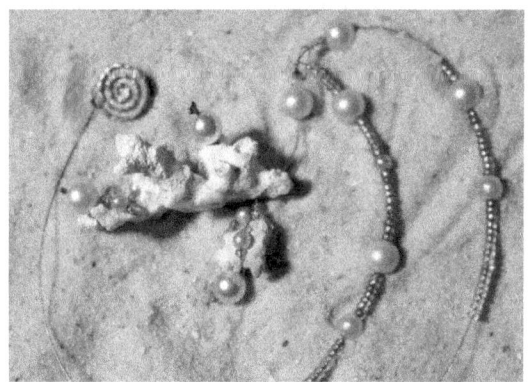

Wofür ist die Kette?

Wenn die Halskette für eine Freundin sein soll, stellen Sie sich die Freundin mit der Halskette vor. Visualisieren Sie ihr Gesicht, ihre Augenfarbe, ihre

Haare. Welche Ketten trägt sie? Kurze, kaum sichtbare, lange dünne oder große ausgefallene Ketten? Welche Farben liebt sie? Entsprechend sollte die Halskette ausfallen. Trägt sie immer kleine dünne Halskettchen, dann wird sie Ihre mitgebrachte, selbst gebastelte, 80 cm lange Halskette nicht unbedingt tragen. Ist die Halskette für Sie, ist es einfacher. Sie kennen Ihren eigenen Geschmack, hoffe ich!

Soll die Kette für eine Hochzeit oder die Oper sein? Dann etwas Extravagantes entwerfen mit ausgefallenen Fundstücken und Perlen.

Oder wollen Sie sie zu einem bestimmten Kleidungsstück tragen? Dann empfehle ich, die Muschel oder das zur Verwendung vorgesehene Strandgut neben das Kleid zu legen und zu schauen, ob es passt. Ein schickes Kleid verträgt eine ausgefallene Halskette. Ist aber schon viel Struktur im Kleid vorhanden, würde ich die Halskette eher schlicht halten. Wollen Sie etwas Schlichtes aufwerten, dann sollten Sie eine auffällige Halskette dafür kreieren.

Auffällige Halskette, die besonders gut zu einem schlichten schwarzen Kleid passt.

Symmetrische oder asymmetrische Halskette?

Bei symmetrischen Halsketten werden die verwendeten Materialien in einer genauen Reihenfolge aufgefädelt und Sie müssen sehr genau aufpassen. Das kann im Urlaub manchmal anstrengend sein, wo Sie sich doch eigentlich erholen wollen.

Symmetrische und   *asymmetrische Halskette.*

Bei asymmetrischen Halsketten fädeln Sie willkürlich alles auf, was Sie in die Finger bekommen. Bitte das schwerste Fundstück in die Mitte nehmen, denn das wird die Halskette nach unten ziehen.

Soll das Fundstück der Blickfang werden?

Wird das Fundstück der Blickfang, nehmen Sie dafür einen dickeren Schmuckdraht, ein einfarbiges Leder- oder Baumwollband, Fädelgarn und/oder kleine Perlen, die das Fundstück betonen und selbst keine Aufmerksamkeit auf sich lenken. Durch das Setzen von kleinen Akzenten, wie hier in dem Beispiel mit einer Perle, verstärken Sie die Wirkung des Fundstückes noch.

29

*Napfschnecke als Blickfang mit
einer Perle verziert.*

Manchmal finden wir Muscheln und
Schneckenhäuser, die einfach nur
schön sind, sich aber nicht zum Herstellen von Schmuck eignen, da sie
zu stachelig oder zu groß sind, wie z. B. die folgende Stachelschnecke oder
auch Venuskamm.

*Eine Stachel-
schnecke. Beim
Fischessen mit
Freunden auf
einer dunklen
Tischdecke mit
etwas Sand
drapiert, kommt
sie sehr gut zur
Geltung.*

Welches Material?

Muscheln, Steine, Perlen oder oder oder. Sie können auch verschiedene Samen
oder getrocknete Fruchtkerne verwenden und kombinieren. Am Strand direkt oder in Strandnähe stehen oft Bäume, die ihre Samen oder Fruchtkerne
abgeworfen haben und die nur darauf warten, von Ihnen aufgehoben zu werden. Diese können mit dem Bohrer häufig einfach durchbohrt und aufgefädelt werden (siehe Kapitel *Mit Samen und Holz*). Bei Samen, Fruchtkernen
und -hülsen achten Sie bitte darauf, dass Sie sich keine kleinen Insekten mit
ins Hotelzimmer nehmen. Am besten gleich am Strand mit Meerwasser gut

abspülen. Dazu noch Per-
len, damit wird das
Schmuckstück aufgewer-
tet.

Samenkörner mit Perlen
und wei Schneckenhäusern
kombiniert.

Beim Schmuck kreieren sind
Ihnen keine Grenzen gesetzt.
Kombinieren Sie doch einmal
verschiedene Strandgüter wie
hier. Irgendetwas finde ich immer, und wenn es nur ein Stück
Plastik ist!

Auch bei Hölzern bitte darauf
achten, dass keine Insekten darin
sind. Bitte immer sehr gründlich
mit Meerwasser abspülen.

Nur die kleinen Holzstücke eignen sich zur Herstellung von Schmuck. Die
größeren habe ich zum Teil mit schwarzer Farbe eingesprüht und als Kunst-
objekt im Haus stehen (siehe Kapitel *Mit Samen und Holz*, S. 119).

Fruchtkerne und -hülsen.

Große und kleinere Holzstückchen, die zu Dekorationszwecken mit nach Hause genommen wurden.

Sie laufen am Strand entlang und finden keine Muscheln und auch sonst nichts! Welche Enttäuschung und da haben Sie sich extra dieses Buch gekauft! Aber es gibt natürlich keine „leeren Strände", außer Sie sind in einem sehr teuren Hotel gelandet, wo das Personal sehr fleißig ist. Da kann ich nur sagen: weiterlaufen. Der nächste Strand ist bestimmt ergiebiger.

32

Sauberer Strand auf Male, Seychellen. Er wird jeden Morgen vom Hotelpersonal für seine Gäste vom „Schmutz" befreit und ist fast „klinisch sauber".

Müssen es unbedingt Muscheln sein? Wie wäre es mit einer schön glatt polierten Glasscherbe oder einem kleinen Stein?

Beispiele, was sich sonst noch so am Strand finden lässt: Halbedelsteine, Ziegelreste, verschmortes Plastik, Korallenreste, Zähne, Steine.

Wie soll das Schmuckstück aussehen?

Nun kann es losgehen mit der Gestaltung. Sie können bereits vor dem Urlaub Ideen sammeln, indem Sie Schmuckstücke aus Zeitschriften, dem Internet, von Freundinnen oder dem Juwelierladen fotografieren.

Oder Sie lassen sich von Ihrem Urlaubsland, dem regionalen Schmuck, dem Meer und Ihrem inneren Gefühl inspirieren. Bei meinen ersten Halsketten habe ich mich von den gesammelten Muscheln, Schneckenhäusern und den mitgebrachten Perlen anregen lassen.

Einige Skizzen zur Inspiration.

Schauen Sie sich vor dem Urlaub gezielt nach den geeigneten Materialien (Schmuckdraht, Garne, Perlen usw.) für Ihre Schmuckherstellung im Internet, in Perlenläden, Kurzwarengeschäften oder im Segelbedarf um. Aber Vorsicht! Nicht schon im Kopf die Halskette aus weißen Muscheln haben, denn das kann sich später im Urlaub als fatal erweisen, wenn Sie sich an einem Strand befinden, wo es dann nur grüne Glasscherben oder überhaupt nur Steine gibt. Bleiben Sie flexibel. Ihre Halskette sieht aus grünen Glasscherben bestimmt auch sehr gut aus. Legen Sie sich nicht zu fest mit dem, was Sie sammeln wollen. Es ist immer besser, sich überraschen zu lassen. Und plötzlich liegt sie da, die einsame kleine wunderschöne Muschel oder das bunte Schneckenhaus.

Was soll es werden?

Halskette
Legen Sie sich die Objekte (Muscheln, Steine, Samen usw.), die Sie verarbeiten wollen vor sich in den Sand oder auf ein Handtuch. Wenn Sie außer Muscheln noch Perlen verarbeiten möchten, legen Sie sie am besten gleich auf ein Handtuch, sonst finden Sie am Ende im Sand die Perlen nicht mehr. Schieben Sie alles so lange hin und her, bis Ihnen das Design am besten gefällt.

Soll es der Fruchtkern, die weiße Muschel oder die Austernschale werden? Das Lederband oder der Halsreif mit dem Hebeldruckverschluss? Soll es quer oder längs befestigt werden?

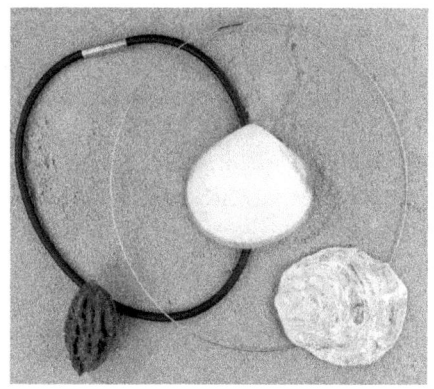

Wollen Sie bei Ihrem Schmuckstück einfarbige oder verschiedenfarbige Perlen verwenden, unterschiedliche Perlengrößen oder keine Perlen? Noch andere Dinge wie Samen oder Fruchtkerne nutzen oder nur die Muschel als Blickfang verwenden? Soll die Halskette am Ende einreihig oder mehrreihig sein? Wenn Sie zum ersten Mal eine Halskette fertigen, empfehle ich Ihnen, mit einer einreihigen zu beginnen. Je mehr Erfahrung Sie im Schmuckdesign haben, desto experimentierfreudiger werden Sie, glauben Sie mir.

Einreihige Halskette aus Kauri- und Kegelschnecken. Mittig eine Turmschnecke. Eine meiner ersten Halsketten und mein Lieblingsstück.

Mithilfe von kleinen Perlen oder Steinen können Sie auch eine zweireihige verbundene Halskette herstellen.

Die beiden Halsketten wurden jeweils rechts und links durch den Rosenquarz gezogen und damit verbunden. Die Schmuckdrähte sind dabei gleich lang.

Wenn Sie mehrreihige Halsketten herstellen wollen, so sind die Schmuckdrähte unterschiedlich lang. Soll die Halskette am Ende symmetrisch sein, beginnen Sie jeweils in der Mitte des Schmuckdrahtes und fädeln rechts und links gleichzeitig auf. Dabei immer z. B. die Perlen zählen. Da sie alle an einem Kettenverschluss befestigt werden, ist manchmal die Größe des Kettenverschlusses der limitierende Faktor.

Mehrreihige Halskette aus Glasperlen in der Mitte, Perlen und Schneckenhäusern.

Überlegen Sie sich, ob Sie eine Muschel durchbohren und mit einer Öse versehen oder nur mit Draht umwickeln wollen. Soll der Fruchtkern wirklich von Ihnen durchbohrt werden? Manchmal ist das sehr schwierig, wenn das Material zu brüchig oder zu hart ist. Hier eignet sich eher das Umwickeln mit Draht.

Manchmal ist es sinnvoll, die verschiedenen Ideen zu fotografieren und sich zum Schluss das beste Bild als Vorlage zu nehmen. Sie können sich natürlich auch Skizzen zeichnen, die Sie dann als Vorlage verwenden. Hier sieht man blau angemalte Eichelschalen mit blauen flachen Unterlegscheiben aus Holz. In der Mitte der Eichelschale liegt eine Perle. Wie soll die Verbindung zwischen den Eichelschalen aussehen? Was möchte man kombinieren?

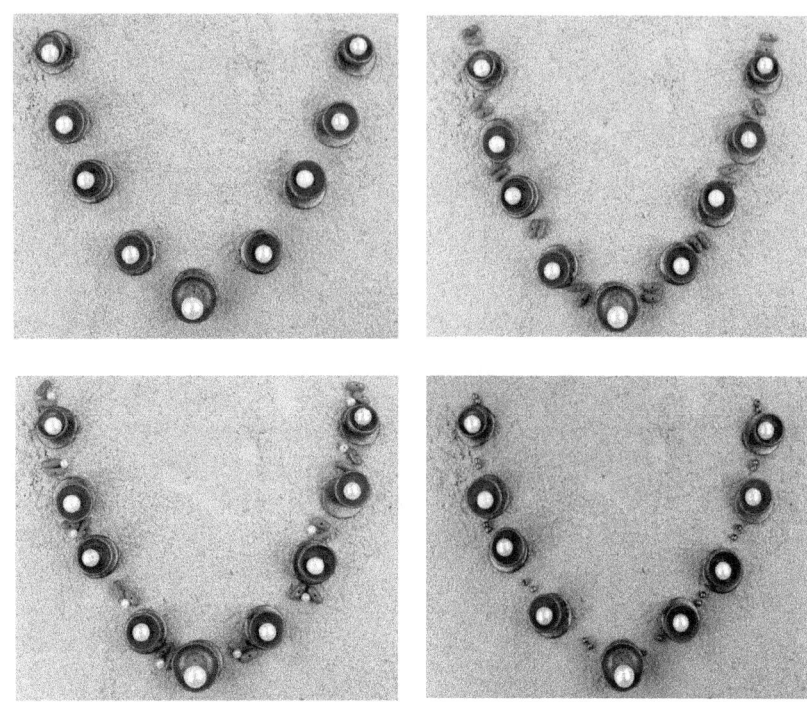

Möglichkeiten, wie eine Halskette am Ende aussehen könnte.

So sieht sie am Ende aus.
(Anleitung siehe S. 124 ff.)

Welche anderen Materialien möchten Sie noch verwenden? Nur weiße Perlen oder weiße und silberfarbene?

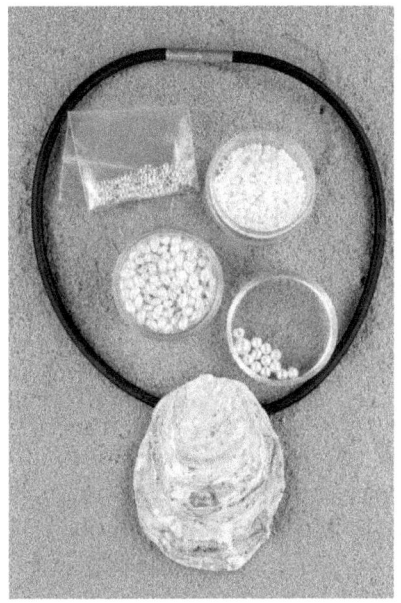 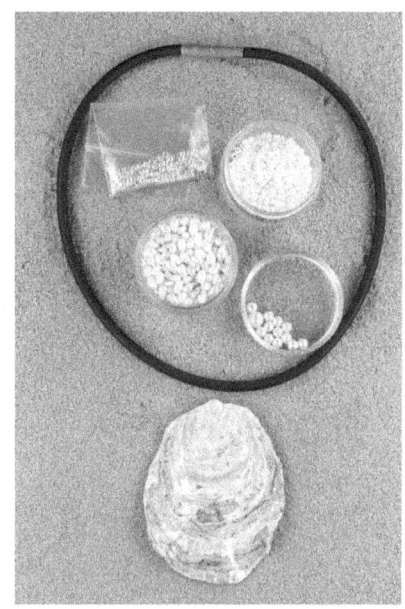

Soll die Austernschale einen Teil des Leders verdecken oder eher darunter hängen?

Wenn Perlen, welche Form und aus welchem Material sollen sie sein? Oder doch lieber schwarze Perlen? Die fertige Halskette finden Sie auf Seite 104.

Ohrringe

Selbstverständlich gibt es auch noch Ohrringe, die Sie gestalten können. Wenn das Fundstück genügend Löcher hat, brauchen Sie manchmal nur einen gekauften Ohrringhaken oder -stecker oder etwas Schmuckdraht und schon ist der Ohrring fertig.

Sie können die Ohrringhaken auch selbst herstellen. Dazu benötigen Sie einen Schmuckdraht der Stärke 0,6 bis 0,8 mm aus Gold oder Sterlingsilber. Vorher am besten mit herkömmlichem Schmuckdraht das Design des Ohrringhakens einüben, bevor Sie den teuren Schmuckdraht verwenden. Da das eine Ende des Ohrringhakens, welches ins Ohr gesteckt wird, auch noch geschliffen werden muss und mir die Arbeit dafür zu lange dauert, verwende ich lieber gekaufte Ohrringhaken.

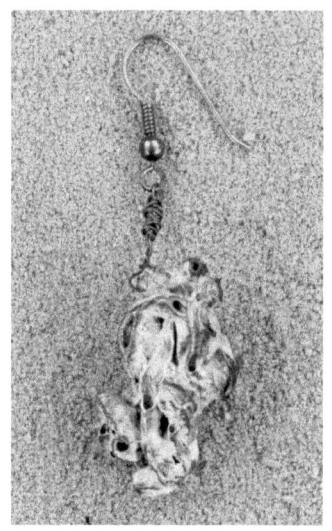

Muschelrest mit Ohrringhaken. An den Windungen des verwendeten Schmuckdrahtes sieht man, dass dieser Ohrring eines meiner ersten Schmuckstücke war. Es fehlte noch die Erfahrung beim Drehen des Drahtes. Wie Sie sehen, ist noch kein Meister vom Himmel gefallen. Die Übung macht es!

Bei der Verwendung von Ohrsteckern kommen Sie nicht um Klebstoff herum. Aber manchmal reicht auch hier eine wunderschöne Muschel und ein Ohrstecker und der Blickfang ist fertig. Bevor Sie den Ohrstecker aufkleben, bitte darauf achten, wo der Schwerpunkt der Muschel liegt. Er sollte tiefer liegen als der aufgeklebte Ohrstecker, sonst hängt am Ende Ihre Kreation schräg am Ohr.

Sonnenuhrschnecke mit aufgeklebtem Ohrstecker (sihe auch S. 92).

Armbänder

Für die Herstellung von Armbändern verwenden Sie am besten einen Spiraldraht, der, wie der Name bereits sagt, die spiralige Form eines Armbands hat und sich an seine Form „erinnert". Sie benötigen für diese Art des Armbands keinen Verschluss. Am besten eignet sich der „Memory wire" Spiraldraht. Dieser Schmuckdraht ist ziemlich steif und Sie können an den beiden Enden des Armreifs Ösen drehen. Er eignet sich nicht für flexible Schmuckstücke. Es gibt auch fertige Schmuckdraht-Armbänder zu kaufen, aber auf diese

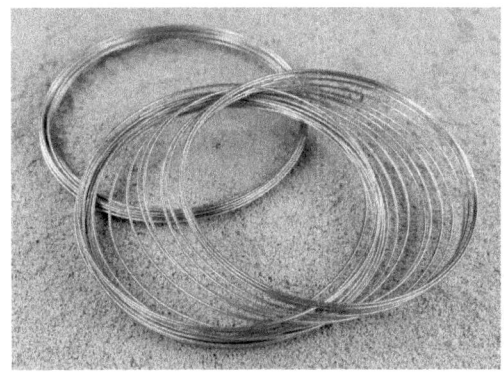

Memory wire Spiraldraht, vorne ein auseinandergezogenes Drahtstück.

Armbänder können Sie nichts auffädeln, sondern nur Anhänger dranhängen.

Schneiden Sie sich vom Memory wire Schmuckdraht mit dem Seitenschneider so viele Spiralwindungen ab, wie das Armband am Ende haben soll. Am besten vor dem Abschneiden den Spiraldraht um das Handgelenk wickeln, damit Sie die richtige Länge abschneiden. Daran denken, dass Sie noch Ösen drehen möchten, also den Draht mindestens 1,5 cm länger abschneiden, als das gewünschte Armband am Ende lang sein soll. Ein Stück Spiraldraht abschneiden und schon kann es losgehen mit dem Auffädeln.

3,5 Windungen vom Memory wire Spiraldraht mit verschiedenen Perlen und Schneckenhäusern.

Auf die dritte Umwindung des Memory wire Spiraldrahtes wird ein Perlmuttscheibchen aufgezogen.

Haben Sie keinen Memory wire Spiraldraht zur Hand, können Sie natürlich auch einen herkömmlichen Schmuckdraht für ein Armband verwenden. Er eignet sich für flexible Schmuckstücke. Dafür benötigen Sie aber einen Verschluss. Knebel-, Haken- und Federringverschlüsse sind hier gut zu verwenden. Diese Armbänder können Sie sich dann später auch allein anziehen. Bei Drehverschlüssen wird es schon schwieriger mit dem Anlegen. Von Magnetverschlüssen bei Armbändern rate ich ab, da Sie sie schneller verlieren können, z. B. beim Jacken an- oder ausziehen. Ist mir leider passiert! Wäre schade, um Ihre viele Arbeit und Ihr schönes Schmuckstück.

Schmuckdraht der Stärke 0,8 mm und ein Knebelverschluss. Die drei Drähte haben nur wenige Millimeter Unterschied in ihrer Länge. Damit sich die Schneckenhäuser nicht auf gleicher Höhe befinden, ist die Anzahl der Perlen zu Beginn und am Ende jedes Drahtstückes unterschiedlich (3, 4 und 5 Perlen).

42

Drei Grundtechniken

Bohren

Für eine einfache Muschel- oder Schneckenhaushalskette benötigen Sie:

➤ Eine schöne Muschel oder ein Schneckenhaus
➤ einen Bohrer und ein Papiertaschentuch (dazu später mehr).
➤ Draht mit einer Länge von 20 bis 80 cm. Die Länge des Schmuckdrahtes ist abhängig von der Halsdicke (an dem die Halskette einmal hängen soll) und der Höhe, wo die Muschel, der Stein oder der Fruchtkern am Ende hängen soll
➤ zwei Quetschperlen
➤ einen Kettenverschluss

Schlicht, aber als Blickfang sehr geeignet.

Nun bohren Sie ein Loch z. B. durch das Schneckenhaus, wenn es noch kein Loch besitzt und fädeln das Schneckenhaus danach auf den Draht.

Verwenden Sie Schmuckdraht der Stärke 0,8 mm, dann wird mit dem Bohrer der Stärke 0,8 oder 0,9 mm das Loch in das Objekt der Begierde gebohrt. Hantieren Sie zum ersten Mal mit einem Bohrer, seien Sie bitte vorsichtig. Das Material kann porös sein und unter Ihrer Hand zerbrechen, und dann steckt der Bohrer in Ihrem Finger (schon passiert, als ich mit dem Dremel gebohrt habe). Ist die Muschel sehr hart oder Sie bohren an einer sehr dicken Schalenstelle, bitte langsam bohren oder den Bohrvorgang häufiger unterbrechen, damit die Muschelschale oder das Schneckenhaus abkühlen können.

Achtung: Ein Bohrer kann heißlaufen oder die Muschel an sich wird heiß, zerbricht oder Sie verbrennen sich die Finger!

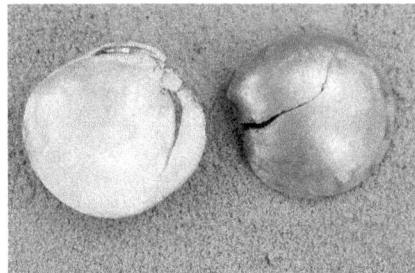

Zerbrochene Muschelschalen, da die Muschelschale beim Bohren mit dem Dremel zu heiß wurde!

Hier ist die Muschel durchbohrt (dauerte eine Stunde mit dem Uhrmacherbohrer im Urlaub) und mit unterschiedlichen Perlen aufgefädelt.

Mit einer Öse oder einer Drahtschlinge versehen

Wollen oder können Sie die Muschel oder das Schneckenhaus nicht anbohren, können Sie einen dickeren Schmuckdraht (Stärke: 0,6 bis 1,2 mm) verwenden, der regelrecht in das Schneckenhaus versenkt wird. Die Drahtseite, die in das Schneckenhaus hineingeschoben wird, dabei leicht verbiegen, damit sie sich besser im Schneckenhaus verhaken kann.

Im folgenden Bild wird extra ein offenes Schneckenhaus verwendet, damit Sie sehen können, wie sich der Draht im Gehäuse verankert.

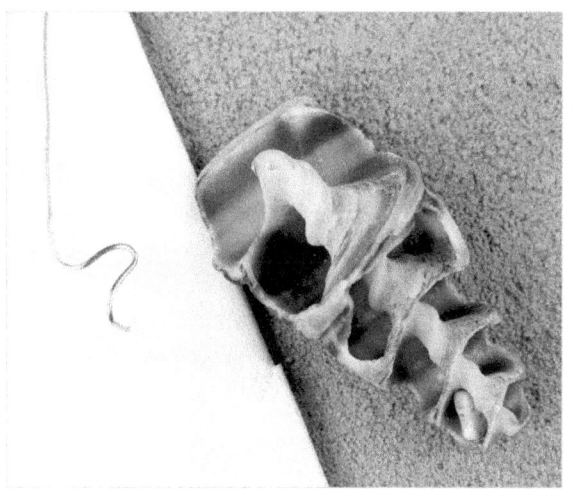

*Das verbogene
Schmuckdrahtende
neben dem Schnecken-
gehäuse.*

*Hier ist er im Gehäuse verankert.
Es ist ein Schmuckdraht der
Stärke 1 mm verwendet worden,
da das Schneckenhaus sehr schwer ist.*

45

Die Papiertaschentuchstopfmethode

Nun können Sie noch Klebstoff ins Schneckenhaus geben und warten, bis er trocken ist, bevor Sie weiterarbeiten. Aber haben Sie Klebstoff im Urlaub dabei? Nicht unbedingt. Was tun? Da hilft ein kleiner Trick: Sie verwenden einfach ein Papiertaschentuch. Wenn die verdrehte Drahtspitze im Schneckenhaus steckt, nehmen Sie mehrere kleine Stückchen von dem Papiertaschentuch, befeuchten sie mit etwas Speichel (bitte nicht ekeln, es ist ein super Klebstoffersatz), schieben sie tief in die Muschel hinein und drücken sie fest. Das machen Sie so lange, bis Sie die komplette Öffnung verschlossen haben. Mit einer Zange, einer Nagelfeile oder einem Stift können Sie das Papiertaschentuch noch besser in der Tiefe des Schneckenhauses festdrücken. Dann trocknen lassen.

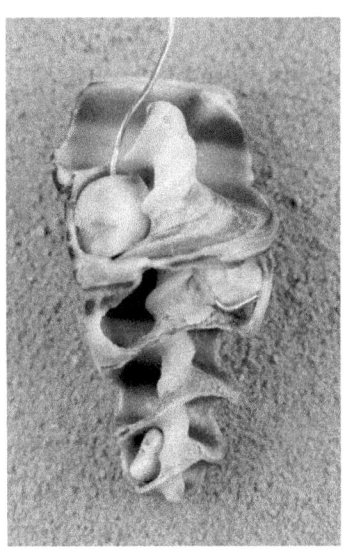

Gestopftes Papiertaschentuch, bis die komplette Öffnung verschlossen ist.

Meist müssen Sie zwischen 20 bis 50 Minuten warten, bis das Papiertaschentuch getrocknet ist. Dann ziehen Sie vorsichtig am Drahtende, ob es sich noch bewegt und herauskommt. Wenn es wieder herauskommt, müssen Sie leider wieder von vorn beginnen. Dann war die Verdrehung der Drahtspitze, die Sie in das Schneckenhaus versenkt haben, zu gering oder Sie haben zu wenig oder das feuchte Papiertaschentuch zu locker gestopft.

Wenn Sie ein Schneckenhaus mit mittigen oder sichtbaren Öffnungen mit Papiertaschentüchern verstopft haben, bitte darauf achten, dass das Schneckenhaus am Ende mit der Öffnung nach hinten auf die Halskette aufgefädelt wird.

Es gibt noch die Methode, den Schmuckdraht regelrecht in der Mitte der Muschel zu versenken und beide Enden des Schmuckdrahtes zu nutzen.

Hier hat sich ein kleiner Fehler eingeschlichen. Der goldene Schmuckdraht war aufgebraucht, und ich musste silbernen Draht für die Öse verwenden.

Dazu wird ein Drahtstück der Stärke 0,8 bis 1,2 mm in der Mitte wieder leicht verbogen, in die Muschel geschoben und die vorhandene Muschelöffnung mit feuchten Papiertaschentüchern verschlossen. Die beiden Drahtenden werden zu Ösen gedreht.

47

Kaurischnecke mit beid-
seitigen Ösen. An der
linken Öse ist eine silberne
Metallmuschel fixiert.

Drahtschlinge herstellen

Verwenden Sie einen dünnen Schmuckdraht (0,6 bis 0,8 mm), wird die Drahtspitze durch ein Loch in der Muschelschale geschoben. Auf das aus der Muschelschale herausschauende Drahtende wird nun eine Quetschperle aufgefädelt und der Draht zu einer kleinen Schlinge zurückgebogen. Das Drahtende nochmals durch die Quetschperle ziehen und die Quetschperle zusammendrücken. Den Schmuckdraht danach auf die gewünschte Länge kürzen. Durch die Drahtschlinge zwischen den beiden Quetschperlen können Sie nun einen neuen Draht ziehen und fertig ist der Muschelanhänger.

Drahtschlinge mit 2 Quetschperlen an
einer Muschelschale.

48

Quetschperlenvariante: Auf das freie Ende des Schmuckdrahtes werden hier noch einige Perlen gefädelt, statt ihn gleich zu kürzen. Erst dann wird das Drahtende zu einer Schlinge gelegt und mit einer Quetschperle (Pfeil) fixiert.

Umwickeln

Eine weitere Möglichkeit, aus einer länglichen Muschel, einem Samen oder einem Stein einen Anhänger herzustellen: Sie versenken die Drahtspitze wieder in der Muschel und fixieren ihn mit angefeuchtetem Papiertaschentuch oder mit Klebstoff. Den Schmuckdraht nicht zu kurz abschneiden. Sonst ärgern Sie sich am Ende, wenn der Draht nur bis zur Mitte der Muschel reicht.

Mit feuchtem Papiertaschentuchstückchen fixierte Drahtspitze in der Schnecke.

Ist der Schmuckdraht fest in der Muschel verankert, umwickeln Sie die Muschel mit ihm. Am Ende der Muschel wird eine Drahtöse gedreht. Fertig ist der Anhänger.

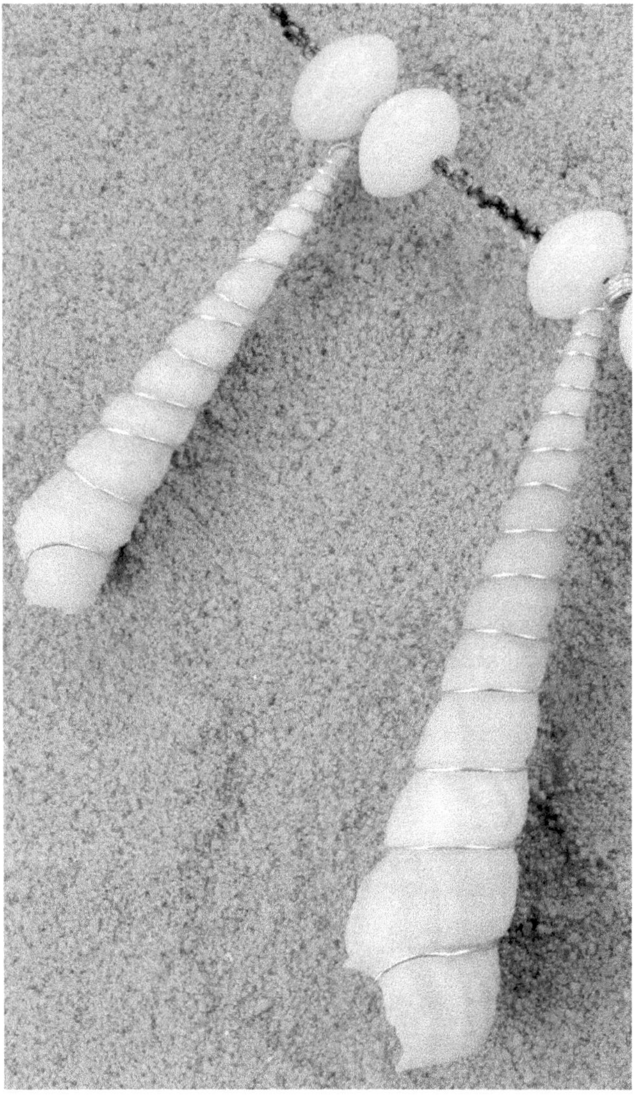

Längliche Muschel als Anhänger. Der Schmuckdraht ist in den vorhandenen Muschelwindungen um die Muschel gedreht.

Sehen Sie mehr als andere

Für die einen ist es nur ein einfacher Stein. Für Sie ist es mehr!

Bei diesem Stein hatte ich das Glück, dass er schon ein Loch hatte.

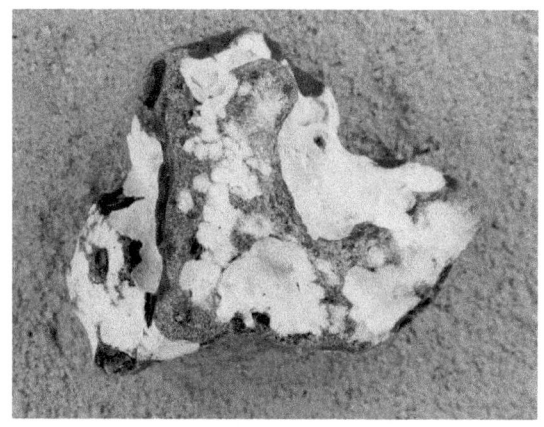

Wenn Sie einen Stein als Anhänger verwenden wollen, er aber kein Loch hat oder zu hart ist, dann fertigen Sie aus ein oder zwei Schmuckdrähten seine Umfassung an. Dazu mehr im Kapitel *Mit Glas und Stein* (S. 132).

Nun sind die Grundlagen gelegt und Sie können loslegen. Aber Achtung: Keine Massenproduktion von Schmuckstücken im Urlaub! Sonst haben Sie keine Zeit, sich zu erholen.

Ich sah einen Kletterer im Stein und vergoldete ihn.

Die Schmuckgestaltung

Mit Muscheln und Schneckenhäusern

Sie finden nicht an jedem Strand die gleichen Muscheln, Steine oder Treibgut. Das wäre ja auch langweilig. Manchmal finden Sie überhaupt keine Muscheln, obwohl in diesem Land „so tolle Muscheln zu finden sind", wie es Ihnen die Nachbarin erzählt hatte, als sie aus Thailand kam. Und nun? Da kann ich nur sagen: Weiterlaufen. Es werden durch die Meeresströmungen nicht an jeden Strand oder in jeder Meeresbucht Muscheln angespült. Wechseln Sie den Strand oder die Bucht und schauen Sie eventuell auch unter die am Strand liegenden Steine. Suchen Sie Strände auf, wo sich keine großen Hotelanlagen befinden. Dort sind meist weniger Touristen unterwegs und es wird seltener der Strand „gesäubert"!

Ein kleines Paradies für Strandläuferinnen und Strandläufer.

Mein Paradies!

Manchmal findet sich für die Strandläuferin aber auch das Paradies schlecht-
hin und sie kann es kaum fassen! Oben sehen Sie eine kleine Höhle in einer
Meeresbucht. Die einheimischen Fischer warfen immer ihre Muscheln nach
Entfernen des Muschelfleisches ins Meer und die Meeresströmung spülte die
Schalen in diese Höhle.

An manchem Strand dieser Erde finden Sie wunderschöne Muscheln und
Schneckenhäuser, müssen sie aber dort lassen, weil sie einfach zu groß sind
oder unter Artenschutz stehen. Unter www.zoll.de finden Sie die Muscheln
und Schneckenhäuser, die Sie nicht aus Ihrem Urlaubsort mitbringen dürfen.
Häufig kann Ihnen auch das Hotelpersonal behilflich sein. Bitte nichts von
Muschelverkäufern am Strand kaufen, da die oft Muscheln und Schneckenhäuser anbieten, die nicht aus der Region sind, in der Sie Urlaub machen
und/oder die sogar unter Artenschutz stehen. Also Finger weg!

Die aufgeklappte Muschel rechts im Vordergrund wog knapp 20 kg. Eine zu große Muschel für eine Halskette oder ein Armband.

Die meisten leeren Tiergehäuse, die man am Strand findet, gehören zur Familie der Muscheln (*Bivalvia*), der Schnecken (*Gastropoda*) und der stoßzahnartigen Muscheln (*Scaphopoda*). Von der Form her können sie mützen-, ohr-, kegel-, birnen-, schrauben-, spindel-, keulen-, tonnen-, ei-, discus- oder fächerförmig sein oder eine Dreiecks-, Herz-, Paddel- oder Kahnform aufweisen. Es gibt natürlich auch einige unregelmäßige Formen.

Muscheln und Schnecken gehören zur Klasse der Weichtiere und erschienen vor ca. 500 Millionen Jahren auf dieser Erde. Ihre harten Schalen und Gehäuse dienen hauptsächlich als Schutz vor Fressfeinden und vor Verletzungen.

Das Außenskelett der Muschel besteht aus zwei Klappen, bei der Schnecke ist es ein Gehäuse oder ein Haus. Es setzt sich bei beiden Weichtieren überwiegend aus Calciumcarbonat (Kalk) zusammen. Dieser Kalk kommt in einer bestimmten Mineralform vor, dem so genannten Aragonit. Dieses Aragonit wird sowohl von der Muschel als auch der Schnecke mit der organischen Substanz Conchiolin (auch als Conchyn, Conchyolin oder Conchin bezeich-

Unterschiedliche Muscheln und Schneckenhäuser.

net) in einer so genannten Conchiolin-Matrix eingebettet und daraus bildet sich die harte Schale, das harte Gehäuse. Dadurch weist die Muschelschale sowie das Schneckenhaus auf der einen Seite Festigkeit und auf der anderen Seite aber auch Elastizität auf. Muscheln und Schnecken können ein Alter von einem bis zu 500 Jahren erreichen. Die Schnecke besitzt einen Kopf, im Gegensatz zur Muschel.

Das Schneckenhaus oder auch Schneckengehäuse genannt, besteht ebenfalls aus dem Mineral Aragonit. In der Natur kommen rechts- und linksgewundene Schneckenhäuser vor.

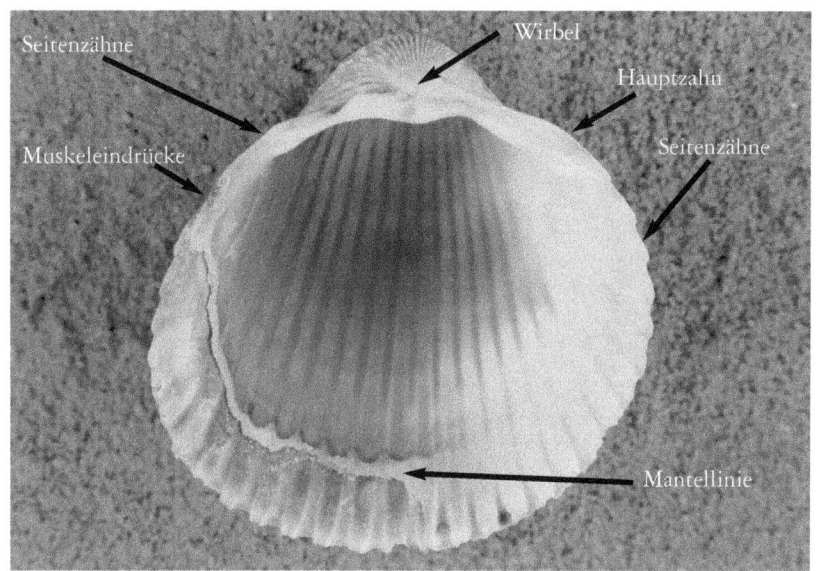

Allgemeiner Aufbau einer Muschelschale.

Aufbau eines Schneckenhauses.

Aufbau eines Schneckenhauses.

Wenn Sie Muscheln oder Schneckengehäuse zu Schmuck verarbeiten möchten, schauen Sie bitte nach, ob ein Tier darin lebt. Bitte das Tier nicht für den Schmuck sterben lassen. Manche Schneckengehäuse oder Muschelschalen sind sehr spitz. Überlegen Sie es sich gut, ob Sie ein stechendes oder pieksendes Objekt am Hals tragen möchten. Eine rote oder entzündete Haut am Hals oder am Handgelenk sieht nicht unbedingt attraktiv aus. Unter: www.Schnecken-und-Muscheln.de und unter www.zoll.de finden Sie wichtige Hinweise, ob die Muscheln und Schneckenhäuser unter Artenschutz stehen, ob das Sammeln und die Ausfuhr verboten sind und weitere interessante Hinweise.

Wenn ich jede Muschel oder Schnecke auf dieser Welt erklären würde, und dazu wo man sie findet, müsste dieses Buch mehrere 1000 Seiten umfassen. Daher erfolgt die Einteilung nur grob nach der Form des Schneckenhauses oder der Muschel.

In der nachfolgenden Tabelle stehen die Namen des Schneckenhauses oder der Muschel die in diesem Buch verwendet werden auf der linken Seite. Auf der rechten Seite sind die Seitenzahlen Ihrer Verwendung genannt.

Und dann geht es um eine Technik, wie Sie mit Perlen arbeiten können.

Perlen in der Muschel oder im Schneckenhaus

Napfschnecken (siehe S. 105 ff.) eignen sich besonders gut, um in ihre Mitte eine Perle zu platzieren.

Nehmen Sie einen dickeren Schmuckdraht (Stärke 0,8 bis 1,2 mm), je nach Lochgröße Ihrer Perle und der Napfschnecke und fixieren Sie die Perle durch Verdrehen des Schmuckdrahtes an einem Ende. Dabei darauf achten, dass die Perle genau mittig auf dem Draht zu liegen kommt. Bei der linken Perle in der Abbildung unten ist der Draht zu wenig verdreht und die Perle liegt schief im Schmuckdraht und damit auch später in der Muschel. Bei der zweiten Perle sind es genügend Drahtumdrehungen, aber auch hier liegt die Perle schief im Draht. Bei der rechten Perle sieht es am besten aus. Hier sind es genügend Drahtumdrehungen zur Fixierung der Perle und sie liegt relativ gerade im Schmuckdraht.

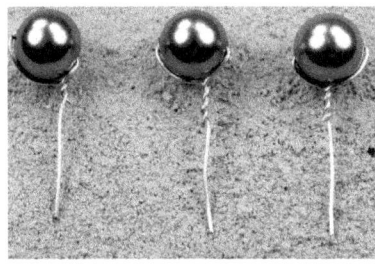

Perlen mit Schmuckdraht fixiert.

Die fixierte Perle stecken Sie durch das natürlich vorhandene Loch oder ein gebohrtes Loch in der Muschelschale oder des Schneckenhauses, den Schmuckdraht entsprechend einkürzen und zu einer Öse verdrehen, schon ist der Anhänger fertig.

Hier ist die Perle am Schmuckdraht durch ein gebohrtes Loch unterhalb des Muschelwirbels gezogen. Nun wird der Schmuckdraht eingekürzt und aus dem ca. 1 cm langen Drahtende eine Öse gedreht.

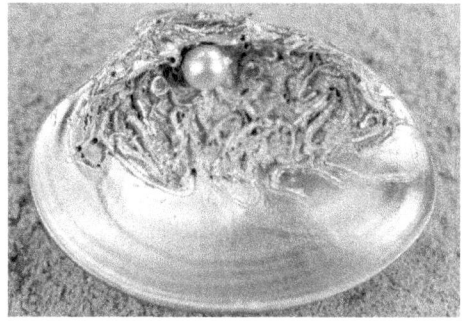

Herzmuschel

Fast an jedem Strand dieser Welt sind sie zu finden, die schönen Herzmuscheln. Sie kommen in unterschiedlichen hellen und dunklen Farben vor. Liegen beide Muschelschalen aufeinander, sehen sie von der Seite wie ein Herz aus. Aus diesem Grund nennt man sie Herzmuscheln.

Seitliche Aufnahme einer geschlossenen Herzmuschel.

Herzmuscheln am besten im oberen Drittel in der Nähe des Wirbels, rechts und links davon, durchbohren. Einige habe eine so interessante Farbe, dass Sie sie direkt zur Halskette verarbeiten können.

Herzmuscheln. Gefunden am Lido, Venedig.

Halskette aus 3 cm großen Herz-muscheln. Achtung: Die mittlere Muschel kommt tief im Dekolleté zu liegen. Verwenden Sie kleinere Muscheln, ist das nicht der Fall.

Wie Sie sehen, wird die mittlere Muschel an drei Stellen durchbohrt. Für die mittlere, untere Bohrung sollten Sie die Rillen der Muscheln zählen, damit Sie möglichst die Mitte treffen. Der mittig herabhängende Schmuckdraht wird mit einer Quetschperle in der Muschel fixiert.

Blick von hinten in die Muschel.

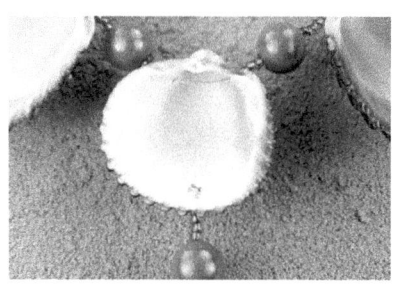

Bitte achten Sie dabei darauf, dass die letzten Muscheln in der Kette noch kurz vor dem Schlüsselbein zu liegen kommen. Muscheln, die noch weiter hinten in der Halskette befestigt sind, liegen oft im hinteren Nackenbereich und könnten störend wirken. Probieren Sie es aus, denn es kommt ja auch auf die Kleidung an, die Sie zu dieser Halskette tragen möchten.

Herzmuschelkette für ein weites Dekolleté. Die hier verwendeten Muscheln sind zwischen 2,5 bis 4 cm im Durchmesser.

Hier sind dunkle kupferfarbene Perlen in unterschiedlichen Größen verwendet. Dadurch wird die Farbe der Muscheln noch etwas mehr betont.

Lagunen-Herzmuschel

Sie gehört zur Familie der Herzmuscheln und kommt auch in Nord- und Ostsee vor. Sie wird oft als Doppelgänger der gewöhnlichen Herzmuschel bezeichnet.

63

Lagunen-Herzmuschel.

Bei der folgenden Halskette wird jede Muschelschale dreimal durchbohrt: Erst rechts und links neben dem Wirbel und dann unten mittig. Der durchsichtige Perlonfaden wird zuerst durch eine Quetschperle gezogen, gefolgt von der großen Perle und dann durch das untere mittige Loch. Sodann den Perlonfaden wieder zurück durch die große Perle und die Quetschperle ziehen. Quetschperle zusammendrücken und den Perlonfaden abschneiden. Fertig ist die erste Muschel mit Perle.

Kleine Lagunen-Herz-muscheln kombiniert mit kleinen und großen Perlen.

Jede Muschelschale wird nun mit einer großen Perle versehen. Erst danach werden die einzelnen Muscheln zusammen mit kleinen weißen und cremefarbenen Perlen auf einen zweiten Perlonfaden aufgefädelt. An den Fadenenden einen Kettenverschluss anbringen und fertig ist die neue Halskette.

Detailansicht: Die große Perle ist mit durchsichtigem Perlonfaden an der Muschel mit einer goldfarbenen Quetschperle befestigt.

64

Damit die Muschelschalen schön weiß werden, können Sie sie eine halbe Stunde in 3 % Wasserstoffperoxid aus der Apotheke legen.

Jacobsmuschel

Jakobsmuscheln in verschiedenen Farben und Größen.

Die Jacobs- oder Pilgermuschel gehört zur Gattung der Kammmuscheln. Sie ist eine der wenigen Muscheln, die sich freischwimmend durch die Meere bewegen kann, aber vor allem im Atlantik und im Mittelmeer zu finden ist. Die Jakobsmuschel besteht aus zwei flachen Schalen mit strahlenförmigen

Rippen. Rechts und links neben dem Wirbel befinden sich zwei eckige „Ohren", die von der Schale abstehen. Sie kann bis zu 15 Zentimeter groß werden und zählt zu den schmackhaftesten und größten essbaren Muscheln (evtl. beim nächsten Restaurantbesuch die Muschelschalen als Erinnerungsstück an einen wunderschönen Abend mitgeben lassen).

Woher kommt der Name? Erst nach dem Tod des heiligen Jakobus, der als Schutzpatron der Pilger gilt, bekam die Jakobsmuschel ihren Namen als Erkennungszeichen für die Pilger. In alten Darstellungen wird Jakobus mit der Jakobsmuschel am Gürtel oder am Hut dargestellt. Bereits im Mittelalter wurde die Jacobsmuschel zum Symbol für die Pilger, vor allem für jene, die auf dem Jakobsweg nach Spanien wanderten. Die Pilger benutzten sie damals zum Wasserschöpfen. Die Muschel war daher mehr als nur ein Mitbringsel.

War der Pilger zurück in der Heimat, sicherte ihm die Jakobsmuschel Ansehen und wurde häufig mit ins Grab gelegt. Auch heute noch ist es ein weit verbreiteter Brauch unter den Jakobspilgern, den Pilgergang von Santiago de Compostela weitere 60 km zum Cap Finisterre zu wandern, um dort am Meer eine Jakobsmuschel zu sammeln.

Die Jakobsmuschel findet man auch oft als Decken- und Wanddekoration in Kirchen, wie hier in der Jesuitenkirche Universitätskirche, Maria Himmelfahrt in Wien.

Für die Herstellung der nächsten Halskette aus einer Jakobsmuschel durchbohren Sie die Muschelohren rechts und links des Wirbels und bohren ein drittes Loch etwas unterhalb eines Muschelohres. Bei diesem Schmuckstück habe ich einen durchsichtigen Perlonfaden verwendet. Der Faden wird von der Außenseite der Muschelschale nach innen durch das eine Muschelohr gesteckt, eine kleine goldbraune Perle aufgefädelt und wieder durch das gleiche Bohrloch auf die Außenseite der Muschel gezogen. Nun wird der Perlonfaden durch das zweite Bohrloch unterhalb des ersten Muschelohres gesteckt, die große helle Perle aufgefädelt und wieder zurück durch das gleiche Bohrloch gezogen.

Der Faden wird auf der Rückseite der Muschel zum zweiten Muschelohr geführt. Dort wird er wieder durch das Bohrloch im Muschelohr geführt, eine goldbraune Perle aufgefädelt und wieder zurück auf die Rückseite der Jacobsmuschel gezogen. Nun werden auf die beiden Enden des Perlonfadens die kleinen kupferfarbenen Perlen aufgefädelt. Zum Schluss an beiden Enden des Perlonfadens den Verschluss mit Quetschperlen befestigen. Durch diese Methode ist kein Perlonfaden in der Muschel sichtbar.

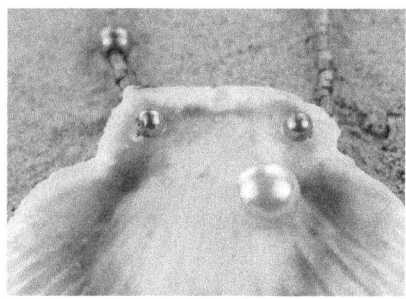

Detailansicht.

Jacobsmuschelkette.

67

Detailansicht: Außenseite der Jacobsmuschel.
Befestigung der Perlen mit Perlonfaden, der hier zur Verdeutlichung blau markiert wurde.

Haben Sie eine schöne Perle und eine passende Kammmuschel, so können Sie auch mit dem synthetischen, durchsichtigen Perlonfaden arbeiten, damit man die Befestigung der Perle genau in der Mitte nicht sieht. Durch die Verwendung des durchsichtigen Fadens fällt einem nicht gleich beim ersten Blick die Befestigung der Perle auf, wie das bei der Verwendung von Schmuckdraht der Fall wäre.

Bei diesem Schmuckstück ist die Muschel nicht an den Muschelohren durchbohrt, sondern rechts und links neben dem Wirbel. Die Pfeile zeigen die Bohrlöcher.

Schlichte Täubchenschnecke

Diese 1,2 bis 2,5 cm großen Schnecken leben im Mittelmeer und im Atlantik. Sie gibt es in weiß, gelb und mit dunkler Musterung auf hellem Grund. Die Schneckengehäuse lassen sich gut einmal längs von der Mündung bis zur Spitze durchbohren.

Die schlichte Täubchenschnecke.

Detailansicht: Zwei Halsketten aus Täubchenschneckenhäusern. Die obere wurde mit Bernsteinstückchen kombiniert, die untere mit größeren und kleineren Perlen.

Statt einem Schmuckdraht können Sie auch mehrere nutzen. Bei der nächsten Kette werden ein heller Schmuckdraht, Täubchenschneckenhäuser und runde und eckige Perlen verwendet. Als Blickfang wird die große Glasperle in die Mitte gesetzt. Auf den ersten Schmuckdraht fädeln Sie nur die Schneckenhäuser, auf den zweiten nur die kleinen Perlen und auf den dritten nur die großen Perlen. Bestücken Sie alle drei Schmuckdrähte gleichzeitig, können Sie zum einen die Abstände zwischen den einzelnen Drähten bis zur eckigen Perle besser abschätzen und zum anderen ist die Länge der einzelnen Schmuckdrähte am Ende des Auffädelns gleich lang.

Eine Kombination aus Täubchenschneckenhäusern und unterschiedlichen Perlen.

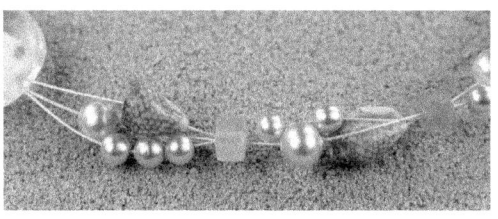

Detailansicht.

Bestücken Sie die einzelnen Schmuckdrähte erst nacheinander, dann müssen Sie am Ende die einzelnen eckigen Perlen oft nochmals verschieben, damit die Halskette gleichmäßig, symmetrisch und locker aussieht.

Täubchenschneckenhäuser kombiniert mit einem großen Schneckenhaus aus dem Indischen Ozean.

Täubchenschneckenhäuser mit großen und kleinen Glasperlen in unterschiedlichen Farben kombiniert.

Die kleinen Schneckenhäuser lassen sich auch gut zur Herstellung von Haarspangen verwenden. Sie benötigen dafür eine einfache, einfarbige Haarspange der gewünschten Größe, einige Schneckenhäuser, evtl. Perlen oder abgeschliffene Glasstücke und einen Kleber.

Ich habe hier einfach UHU verwendet. Sie können natürlich auch einen Heißkleber nehmen, aber diesen habe ich im Urlaub nicht dabei. Die Haarspange dick mit Kleber bestreichen, leicht antrocknen lassen und dann die einzelnen Teile für das neue Schmuckstück in den Kleber setzen und leicht andrücken. Um der Haarspange einen letzten Schliff zu verleihen, habe ich am Ende das Ganze mit Glitzernagellack lackiert.

Haarspange mit Kleber bestreichen und erste Schneckenhäuser in den Kleber drücken.

Detailansicht: Fast fertige Haarspange. Nun könnten Sie noch Perlen auf die Öffnungen der Schneckenhäuser oder daneben kleben.

Detailansicht: Hier ist das Glasstück noch mit Glitzernagellack angestrichen.

Die zweite Haarspange wird aus mehreren Glasstücken, Täubchenschneckenhäusern und Perlen kreiert. Am Ende werden die Glasstücke auf der Haarspange mit Glitzernagellack bestrichen.

Fertige Haarspange.

Artemismuschel

Die Artemismuschel lebt in der Nordsee und im östlichen Atlantik bis Westafrika, sie ist also auch an unseren Stränden zu finden. Bei den Artemismu-

scheln gibt es Arten mit einer matten und mit einer glänzenden Oberfläche. Da sie etwas „langweilig" aussehen, lassen sie sich gut mit Effektfarbe aufpeppen. Aber bitte die Muschelschale vor dem Anmalen durchbohren. Diese Muschelschalen sind sehr hart.

Artemismuscheln und
die Effektfarbe
Prisme von Pebeo.

Die bemalte Außenseite der Muschelschale mindestens einen Tag trocknen lassen. Dann die Innenseite anmalen und ebenfalls einen Tag trocknen lassen.

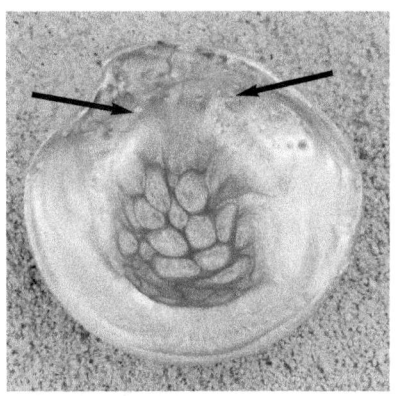

Die Bohrung ist hier rechts und links neben dem Wirbel durchgeführt. Die Pfeile zeigen die Bohrlöcher.

Diese Kette ist aus fünf Artemismuscheln mit Metallschmuckdraht der Stärke 0,6 mm, fünf weißen Perlen und vielen kleinen rosa Perlen hergestellt.

Detailansicht: Der Metallschmuck-draht ist gut zu erkennen. Wer das nicht möchte, kann auch transparenten Perlonfaden verwenden.

Kette mit transparentem Perlonfaden, in der mittleren der Muschelschalen sitzt eine etwas größere Perle.

Detailansicht: Der Perlonfaden ist kaum zu erkennen.

Meerohrschnecke, Seeohr oder Abalone

Sie leben in fast allen warmen Meeren, zum Teil auch im Ärmelkanal. Der Vorteil bei der Verwendung von Meerohrschnecken: Es sind schon Löcher in ihrer Schale, die die Schnecke als Ausscheidungsöffnungen nutzt. Die Au-

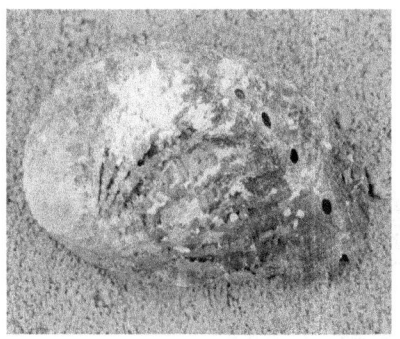

Die Meerohrschnecke von außen und von innen.

ßenseite der Schnecke ist unscheinbar, aber die Innenseite schimmert perlmuttartig. Man übersieht sie oft am Strand, da sie von außen so nichtssagend aussieht. Es lohnt sich also, manche Muschelschale, das Schneckenhaus oder sonstiges Strandgut zu wenden.

Aus dieser Schnecke können Sie schnell und einfach einen Ohrring herstellen. Einfach einen Ohrringhaken mit etwas Schmuckdraht und einer Quetschperle in einem vorhandenen Loch befestigen, fertig. Wollen Sie den Blickfang noch verstärken, macht sich ein kleiner Strassstein sehr gut in der Schnecke.

Meerohrschnecke mit Strassstein und einem Ohrringhaken.

Man kann die Meerohrschnecke auch gut zu einem ausgefallenen Bild arrangieren. Aus mehreren Meerohrschneckenhäusern wird hier das Bild gestaltet. Als Hintergrund wurde schwarzer Samt verwendet.

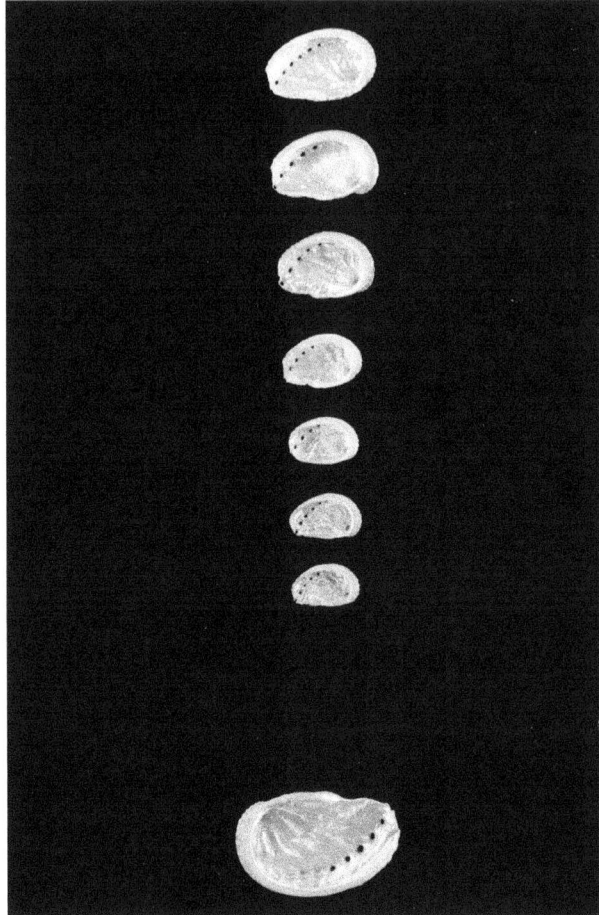

Die Glasscheibe des Bilderrahmens wurde entfernt, um Spiegelungen zu vermeiden.

Turmschnecke

Turmschnecken leben in der Nordsee, im Mittelmeer und die große Turmschnecke im indopazifischen Ozean.

Turmschnecken in unterschiedlichen Größen und Farben.

Eine meiner ersten Versuche aus Schneckenhäusern eine Halskette zu gestalten. Drei Turmschnecken werden durchbohrt und mit unterschiedlichen Perlen aufgefädelt.

*Turmschneckenhäuser kombiniert mit einem „Fisch"
aus Speckstein.*

Dieser „Fisch" beschwerte
die Halskette, da sie vorher zu leicht war. Jedes
Schneckenhaus wird mit
Schmuckdraht der Stärke
0,6 mm umwickelt (siehe
auch Kapitel *Umwickeln,*
S. 49 f.). An der Spitze des Schneckenhauses wird aus dem Schmuckdraht
eine Öse zur Befestigung an der Kette gedreht.

*Halskette nur aus umwickelten
Turmschneckenhäusern und
Glasperlen.*

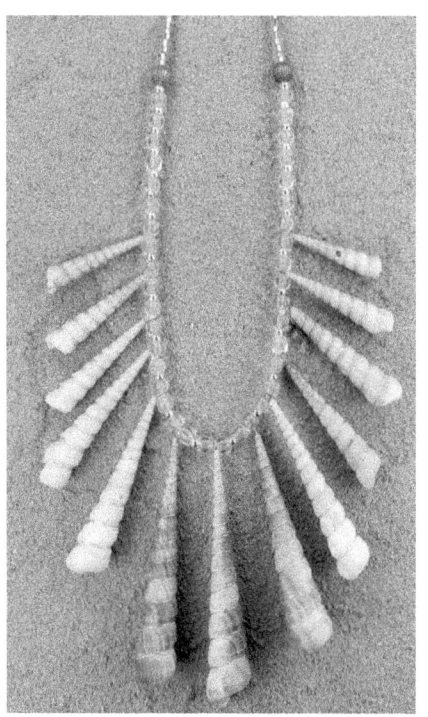

Wollen Sie eine Halskette aus
mehreren Reihen herstellen, legen Sie sich die Schneckenhäuser
am besten nach Größe sortiert
hin. Nun wird jedes Schneckenhaus einzeln mit Schmuckdraht
umwickelt und wieder in die
Reihe zurückgelegt. Sind alle
Schneckenhäuser ebenso umwickelt, können Sie mit dem Auffädeln beginnen.

Die fertige Halskette.

Verwenden Sie unterschiedlich lange Schmuckdrähte zum Auffädeln der drei Schneckenhausreihen. Zwischen die einzelnen Schneckenhäuser werden noch Perlen aufgezogen. Die Drähte ziehen Sie am Ende des Schneckenhaus-Auffädelns noch ein-

mal durch eine silberne Perle und weitere Perlen werden aufgefädelt. Erst am Ende werden die Schmuckdrähte auf gleiche Länge gekürzt, und der Kettenverschluss angebracht.

Sortierung der Turmschneckenhäuser vor der Drahtumwicklung.

81

Damit die Schneckenhäuser drei Reihen bilden, ist der Schmuckdraht mit den größten Schneckenhäusern am längsten und bildet die hintere Reihe. Der Schmuckdraht mit den kleinsten Schneckenhäusern ist am kürzesten und liegt vorn.

Detailansicht.

Für einen Armreif wird Schmuckdraht der Stärke 1 mm um das ganze Schneckenhaus gewickelt. Dabei mindestens 2 cm Schmuckdraht an der Mündung der Spitze des Schneckenhauses stehen lassen. Zur Befestigung am Memory wire Spiraldraht wird aus den beiden Enden des Schmuckdrahtes jeweils eine Öse gedreht und auf den Spiraldraht aufgefädelt.

Armband aus Memory wire Spiraldraht, Turmschnecken, braunen und goldenen kleinen Perlen.

82

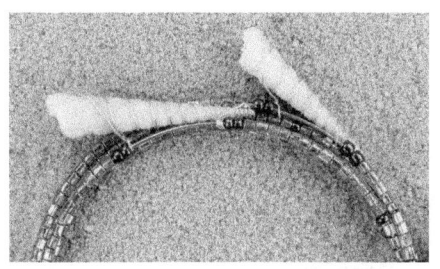

Armreif aus Turmschnecken und Glasperlen. An beiden Enden des Schmuckdrahtes sind die Ösen sichtbar. Die Schneckenhäuser sind an den Ösen auf den Memory wire Spiraldraht aufgefädelt.

Aus Turmschneckenhäusern lassen sich ebenfalls gut Ohrringe herstellen. Dazu die Turmschnecke im oberen Drittel durchbohren, den Schmuckdraht hindurchziehen und die gewünschten Perlen auffädeln. Die Enden des Schmuckdrahtes mit einer Quetschperle am Ohrringhaken befestigen. Wichtig ist hier, dass Sie die Schneckenhäuser im oberen Drittel durchbohren, sonst können sie sich im Schmuckdraht verdrehen, sodass die Spitze nach unten zeigt.

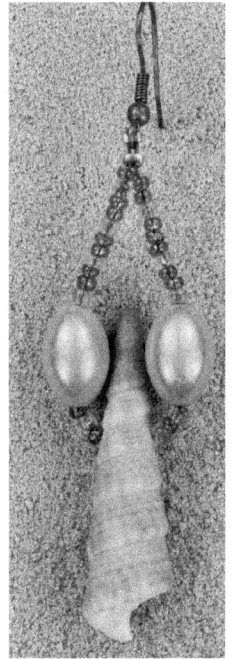

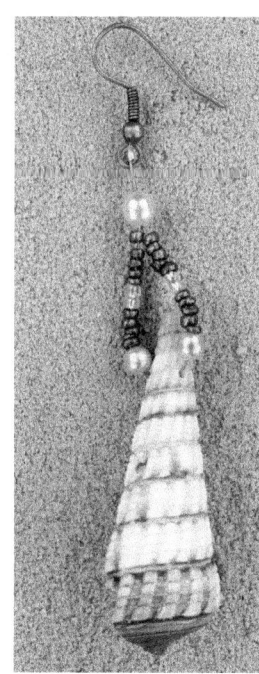

Verschiedene Ohrringe aus Turmschnecken.

83

Körbchenmuschel

Körbchenmuscheln vom Rheinufer.

Vor der letzten Eiszeit gab es noch heimische Körbchenmuscheln bei uns in Mitteleuropa. Aber sie starben aus. Die heutigen Körbchenmuscheln, die in Europa vorkommen, sind aus Asien eingeschleppt. Sie gehören zu den Süßwassermuscheln.

Da die Muscheln nicht so schön aussehen, habe ich ihre Außenseite erst mit einer Handbürste sauber gebürstet, die Schalenreste entfernt und sie dann mit schwarzer Farbe angemalt. Mit Hilfe einer Zahnbürste, Silberfarbe und Einmalhandschuhen werden die Muschelschalen auf der Außenseite mit der zweiten Farbe eingesprenkelt. Die Muscheln werden vor der Bemalung rechts und links vom Muschelwirbel durchbohrt.

Fertige Halskette. Der Stein in der Mitte dient zur Beschwerung.

84

Detailansicht: Das Umwickeln des Steines gehörte zu meinen ersten Versuchen, wie Sie sehen. Aber es ist bekanntlich noch kein Meister vom Himmel gefallen.

Kauri- oder Porzellanschnecke

Kaurischnecken, auch Porzellanschnecken genannt, werden sehr häufig als „Kaurimuscheln" bezeichnet. Wie Sie aber nun wissen, hat eine Muschel zwei Schalen und auch keinen Kopf im Gegensatz zu den Schnecken.

Kaurimuscheln. In der Mitte unten die Cyraea annulus, die auch als Zahlungsmittel, neben der Cypraea moneta, Verwendung fand.

85

Der Name Kauri kommt aus dem Hindi, wo er so viel wie kleine Münze, Groschen oder Pfennig bedeutet. Das bezieht sich auf die beiden Arten *Cypraea moneta* (lateinisch für Geld) und *Cypraea annulus* (lat. Ring), die einen gelborangefarbenen Ring auf dem Schneckenhaus hat. Die Kaurischnecken der Art *Cypraea moneta* wurden früher als Zahlungsmittel, als sogenanntes „Kaurigeld" in der Südsee, in Ost- und Südasien und in Afrika verwendet. Verwenden Sie Kaurischnecken als Schmuck, haben Sie also immer etwas „Kleingeld" dabei. Einige Kaurischneckenarten gelangten in größeren Mengen schon in der römischen Kaiserzeit nach Europa. Hier wurden sie als Amulett getragen und auch als Grabbeigabe verwendet.

Kaurischneckenhalskette mit Perlen und Drehverschluss.

Im späten Mittelalter wurde sie von italienischen Händlern als Porcellana, „kleines Schwein", bezeichnet. Damals glaubte man, dass das erste nach Europa gelieferte chinesische Porzellan aus zerkleinerten Kaurischnecken hergestellt worden sei. Davon leitete man dann den Begriff Porzellan ab.

Da Kaurischnecken eine sehr harte Schale haben, empfiehlt sich die Methode des Papiertaschentuchstopfens (siehe S. 46). Kleinere Kaurischnecken können relativ gut durchbohrt werden, per Hand in 15 Minuten bis zu einer Stunde, mit dem Dremel in ein bis fünf Minuten.

Achtung: Der dünne Bohrer (0,6 bis 1mm) wird schnell heiß. Sie sollten Pausen einlegen. Das kann einem mit dem Uhrmacherbohrer nicht passieren! Bei der folgenden Kette werden mehrere kleine und drei große Kaurischnecken verwendet. In den großen Kaurischnecken befestigen Sie den Schmuckdraht mit Hilfe von befeuchteten Papiertaschentüchern. Die kleinen Kaurimuscheln werden ober- und unterhalb der Mündung durchbohrt.

Den Schmuckdraht an einem Ende mit einer Quetschperle als „Anker" versehen, bevor er, etwas in sich verdreht, in die Schnecke geschoben wird. Kleine Glasperlen als zusätzliche Stabilisierung auffädeln und mit etwas Druck ebenfalls in die Mündung der Schnecke drücken. Zusätzlich folgt etwas feuchtes Papiertaschentuch. Sicher ist sicher.

Detailansicht: Auf diesem Bild sind die Bohrstellen an der kleinen Kaurischnecke zu erkennen.

Auf das freie Ende des Schmuckdrahtes habe ich noch zwei unterschiedliche Perlen aufgezogen, bevor ich mit Hilfe einer Quetschperle eine kleine Schlaufe drehte. Der Anhänger mit der Kaurischnecke wird dann an der vorgesehenen Stelle eingefädelt.

*Die vergoldete rote Glasschnecke
hatte ich in den Urlaub mit-
genommen. Man weiß ja nie.
Für die Mitte habe ich eine
große Kaurischnecke verwendet.*

Die Farben Rot und Gold
habe ich in der Halskette
wiederholt. Dadurch entsteht
mehr Harmonie in der Farb-
gebung.

In die mittig hängende Kaurischnecke wird der gerade
Schmuckdraht einfach in die
Schneckenmündung gelegt
und dann mit Massen an be-
feuchtetem Papiertaschen-
tuch befestigt. Sobald alles

trocken ist, wird mithilfe einer Quetschperle
am freien Drahtende eine Schlaufe zur Befestigung an der Halskette gedreht. Nach der
Trocknung bitte hier _nicht_ am Schmuckdraht
ziehen, ob er fest genug sitzt. Er kommt heraus, da er nicht in sich verdreht wird. Am anderen Ende des Schmuckdrahtes fädeln Sie die
Glasschnecke und eine kleine rote Perle auf.
Erst danach wird das Drahtende mit einer
Quetschperle fixiert.

Detailansicht.

Fünf gleichgroße Kaurischnecken mit schwarzen Perlen und silbrigen Schneckenhausperlen.

Sie können aus größeren Kaurischnecken auch Anhänger herstellen. Hierfür wird der Schmuckdraht der Stärke 1 mm durch die Kaurischnecken gezogen und an beiden Enden zu Ösen gedreht.

Im nächsten Schmuckstück wird der Schmuckdraht wieder in der Kaurischnecke versenkt und mit der Papiertaschentuch-Stopfmethode befestigt. Die freien Enden des Schmuckdrahtes werden zu Ösen gedreht. Damit haben Sie Kaurischnecken, die Sie wie Perlen für ein Armband auffädeln können.

Armband aus Memory wire Spiraldraht mit roten und goldenen Perlen und Kaurischnecken.

89

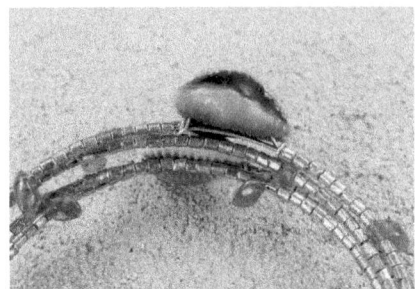

Detailansicht: Schmuckdraht der Stärke 1 mm mit aufgefädelter Kaurischnecke.

Armband aus Gummiband mit angebohrten Kaurischnecken, roten Samen, goldenen und weißen Perlen.

Stoßzahn- oder Röhrenschnecke

Die Stoßzahn- oder Röhrenschnecken (Kahnfüßer) sehen, wie ihr Name schon besagt, wie kleine Stoßzähne von Elefanten aus und können bis zu 12 cm lang werden, je nach Mitglied dieser Schneckenfamilie. Sie leben vor allem in der Nordsee und im Pazifik, je nach Art. Für die Herstellung von Halsketten und Armbändern eignet sich die Größe von 1 bis 3 cm. Kleinere Stoßzahnschnecken zerbrechen zu leicht.

Sie gehen mit dem Handbohrer in die Schneckenmündung hinein und bohren vorsichtig durch das Ende der Schnecke. Schon ist die erste Schnecke bereit zum Auffädeln. Für eine einreihige Halskette brauchen Sie ungefähr 20 bis 30 Stoßzahnschnecken. Viel Erfolg beim Sammeln.

Jeder herabhängende Schmuckfaden besteht aus mindestens 30 Schnecken-häusern. Für dieses Schmuckstück brauchen Sie einen sehr langen Urlaub. Grassi-Museum, Leipzig.

Für eine mehrreihige Halskette benötigen Sie pro Reihe ca. 25 bis 40 Schneckenhäuser, je nach Größe der Schneckenhäuser und Länge der Halskette. Die kleineren Muscheln am besten an den äußeren Rand und die größeren in die Mitte der Halskette auf-fädeln, wenn Sie eine symmetrische, ge-wichtsmäßig ausgewogene Halskette gestalten möchten.

Mit dem kleinen 0,6 mm Bohrer wird die Spitze des Schneckenhauses vorsichtig durchbohrt. Auf die Spitze (Apex) wird eine Glasperle gefädelt, gefolgt von einer silbernen Perle, die die Mündung des Schnecken-hauses verschließt.

Vierreihige Halskette aus Stoßzahnschnecken mit einem Drehverschluss.

91

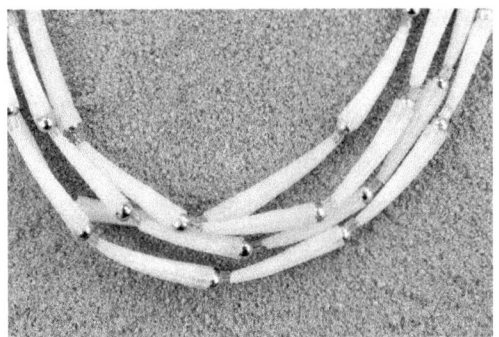

Detailansicht.

Sonnenuhrschnecke

Die Sonnenuhrschnecke kommt an den Küsten von Afrika, Madagaskar, Australien, Hawaii, Indonesien, Philippinen und am Roten Meer vor.
Sie hat so eine wundervolle Zeichnung, dass sie als Einzelstück an einer Halskette oder als Ohrring sehr gut zur Geltung kommt, sie allein wirkt sehr gut als Blickfang.

Hier wurde nur ein Ohrstecker auf die Rückseite des Schneckenhauses geklebt und fertig war der Ohrring (siehe auch S. 40).

Für einen Anhänger wird der verdrehte Schmuckdraht mit feuchten Papiertaschentüchern im Schneckengehäuse fixiert.
Auf den herausschauenden Draht werden Perlen gezogen. Das freie Ende des Drahtes wird mithilfe einer Quetschperle zu einer kleinen Schlinge gedreht. Fertig ist der Anhänger.

Anhänger.

Kegelschnecke

Kegelschnecken leben bis auf sehr wenigen Ausnahmen in tropischen Gewässern. Sie sind meist nachtaktiv und Fleischfresser. Aus diesem Grund haben sie auch einen Giftcocktail, mit dem sie ihre Beute töten. Bitte keine lebenden Kegelschnecken aus dem Meer holen! Es sind schon Menschen an ihrem Gift gestorben. Nur leere Schneckenhäuser sammeln!

Kegelschnecken in verschiedenen Größen und Farben.

Bei den folgenden Halsketten wird die Papiertaschentuch-Stopfmethode verwendet. Achten Sie bitte bei der Herstellung der Öse, mit der das Schneckenhaus später aufgefädelt werden soll, darauf, dass die Mündung des Schneckenhauses nach hinten zeigt. Eine gestopfte Schneckenmündung ist nicht besonders schön, wenn man sie sieht.

Halskette aus drei großen Kegelschnecken (5 cm groß), mit unterschiedlichen Perlen kombiniert.

Halskette aus fünf kleinen Kegelschnecken (3 cm groß) mit der Papiertaschentuch-Stopfmethode gemacht.

Wollen Sie passende Ohrringe aus Kegelschnecken, versuchen Sie farblich zueinander passende Schneckenhäuser zu finden. Am besten kleine Schneckenhäuser für die Ohrringe verwenden, sie sind nicht so schwer für die Ohrläppchen.

Im Folgenden zwei Ohrringe aus Kegelschnecken. Beide hergestellt mit der Papiertaschentuch-Stopfmethode. Der Schmuckdraht wird im Schneckenhaus versenkt, mit feuchtem Papiertaschentuch gesichert und getrocknet. Die Perlen werden danach aufgefädelt.

Bei dem linken Ohrring wird der Schmuckdraht, der aus der Schnecke kommt, durch die Perle gezogen, eine Öse um den Ohrringhaken gebildet und mit einer Quetschperle verschlossen. Beim rechten Ohrring wird auf den Schmuckdraht, der aus der Schnecke kommt, direkt eine Quetschperle aufgefädelt. Erst dann wird die blaue Perle aufgefädelt und eine Schlinge um den Ohrringhaken gelegt.

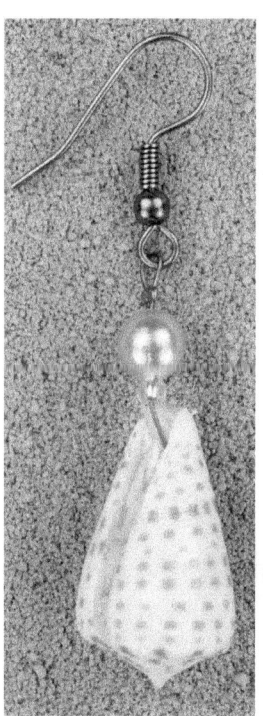

Zwei Ohrringe aus Kegelschnecken.

Den Draht wieder zurück durch die blaue Perle und durch die Quetschperle fädeln, die Quetschperle zusammendrücken und den Draht abschneiden.

Natürlich können Sie auch verschiedene Schneckenhäuser zu einer Halskette kombinieren. Hier mein Lieblingsstück:

Kombination aus Kauri-schnecken, Kegelschnecken und mittig eine Turm-schnecke. Die schwarzweiße Färbung der Kegelschnecken-häuser wird in der Perlen-kombination wieder auf-genommen.

Flügelschnecke

Die Familie der Flügelschnecken ist groß und häufig weisen die Schnecken-häuser eine schöne Musterung auf. Sie kommen in der Karibik und im indo-pazifischen Ozean vor.

Flügelschnecken von den Seychellen.

Da ich nicht wusste, ob man diese Schneckenhäu-ser mitnehmen darf, fragte ich an der Hotelre-zeption nach. Die freund-liche Rezeptionistin Clara schickte ein Foto an einen Freund vom Flughafen. Sie sagte mir am nächsten Tag, dass es kein Problem sei, die Schneckenhäuser zu sammeln und mitzunehmen.

Bei der folgenden Halskette wird die Papiertaschentuch-Stopfmethode ange-wendet, sowie Holz- und Glasperlen neben den verschiedenen Schnecken-häusern.

Mittig eine große und seitlich zwei kleine Flügelschnecken kombiniert mit vier gefleckten Kegelschnecken.

Für die Flügelschneckenkette wird 1 mm dicker Schmuckdraht in jeder Schnecke mit Papiertaschentüchern fixiert und aus den herausschauenden Drahtenden jeweils eine Öse gedreht.

Flügelschneckenkette.

Für die Löcher in den Schneckenhäuser, brauchen Sie ca. eine Stunde pro Schneckenhaus. Im Urlaub haben Sie ja Zeit! Werden die Schneckenhäuser mit dem Dremel durchbohrt (der aber nicht mit in den Urlaub fährt), bitte viele Pausen einlegen. Der Bohrer wird schnell heiß, da diese Schneckenhäuser eine sehr harte Schale haben. Besser ist hier die Papiertaschentuch-Stopfmethode.

Detailansicht.

97

*Tragen Sie diese Hals-
kette auf einer schwar-
zen Bluse, fällt sie
besonders auf. Das
mittlere Schneckenhaus
ist das größte von den
fünf.*

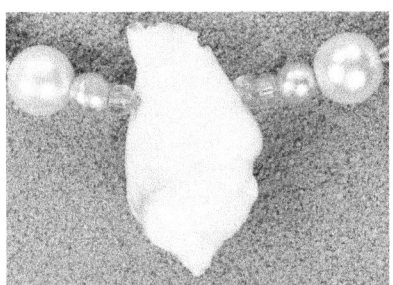 

*Beim Auffädeln werden kleine Glasperlen in das Schneckenhaus versenkt, da man sie
am Ende kaum sieht.*

Schraubenschnecke

Schraubenschnecken leben im indopazifischen Ozean und in der Karibik.
Für die Halskette werden die Schneckenhäuser im oberen Drittel durchbohrt,
damit sie gut auf der Haut aufliegen. Dabei bitte darauf achten, dass die
Mündung des Schneckenhauses am Ende zur Haut weist und nicht nach
vorn. Sollten Sie die Bohrung zu tief setzen, können sich die Schneckenhäuser
in der Halskette verdrehen, sodass ihre Spitze nach unten zeigt.

Halskette aus durchbohrten Schraubenschnecken.

Venusmuschel

Die hier verwendeten Venusmuscheln habe ich im Asiamarkt aus der Gefrier-
truhe gesammelt. Ich möchte ja ehrlich sein. Die Venusmuscheln waren gekocht und tiefgefroren. Ich habe sie mit heißem Wasser aufgetaut, das Muschelfleisch in eine Auflaufform gegeben, deren Boden mit Olivenöl gedeckt
war, mit Zitronenpfeffer gewürzt, Cocktailtomaten in Scheiben darüber gelegt und mit Parmesankäse bestreut. Bei 250 Grad das Ganze 15 min im
Heißluftofen grillen. Schmeckt lecker. Die leeren Muschelschalen werden
noch mal 20 Minuten im Salzwasser gekocht und dann das restliche Muschelfleisch entfernt. Durch das zusätzliche Kochen können Sie das restliche
Muschelfleisch viel leichter aus der Muschelschale entfernen. Die Schalen
trocknen lassen und schon können Sie sie zum Basteln verwenden.

Venusmuscheln findet man an allen Stränden dieser Welt, besonders in warmen Meeren. Die Familie dieser Muscheln umfasst über 400 Arten und sie
alle sind essbar. Dadurch, dass sich der Wirbel der Venusmuschel mittig be-

findet und leicht eingerollt ist, erscheint die Schalenform im Profil wie die Mütze eines Mainzelmännchens.

In der Antike ging man davon aus, dass die Venusmuscheln aus dem Meerschaum entstanden sind. Die Göttinnen der Liebe und Schönheit, Aphrodite und die römische Venus, sind in der Mythologie auch aus dem Meerschaum geboren und damit folglich aus der Venusmuschel. Eine andere Geschichte erzählt, dass die eingerollte Form der Venusmuschel wie der Bauchnabel der römischen Venus aussah und sich daher der Name ableiten soll.

Diese Venusmuscheln mit ihren schönen dreifarbigen Schalen kommen aus Vietnam. Die Muschelschalen sehen immer wie lackiert aus, sind es aber nicht.

Bei der nächsten Halskette sehen Sie die Muschelschalen von innen und außen, da ihre Struktur so schön ist. Sie können die Venusmuscheln als zusammenhängende Muschel verwenden. Dazu legen Sie jeweils eine Schale nach rechts und eine nach links. Dadurch sieht man immer die gleiche Muschelfarbe rechts und links in der Halskette. Auch die Muscheln, bei denen Sie die Innenseite sehen, werden symmetrisch nach rechts und links sortiert. Die Muscheln durchbohren. Wenn Sie einen Dremel verwenden, achten Sie bitte darauf, dass der Bohrer (Stärke 0,6 bis 0,8 mm) nicht zu heiß wird. Diese Schalen sind sehr hart und der Bohrer kann schnell anfangen zu glühen. Da-

Venusmuscheln liegen paarweise rechts und links, damit wird die Symmetrie der Halskette mehr betont. Die mittig befindliche Venusmuschel ist ein Einzelstück.

bei kann die Muschelschale zu heiß werden und zerplatzen. Wäre schade darum.

In die sichtbaren Innenseiten der Muschelschalen habe ich jeweils eine Perle gesetzt. Auf diese Weise wirkt die Halskette am Ende noch exklusiver. Zwischen den Muscheln werden immer sieben kleine beige Glasperlen verwendet, damit sich die Muschelschalen gerade noch so berühren. Werden weniger Perlen verwendet, sitzen die Muschelschalen zu eng aufeinander und die Muscheln mit den Perlen in der Schale stehen nach oben ab. Sie sollen aber auf der Haut aufliegen. Wenn Sie kleinere Muscheln verwenden, benötigen Sie weniger Glasperlen.

Venusmuschelkette.

101

Austern

Austern findet man überall auf der Welt und sie existieren schon seit über 250 Millionen Jahren. Sie schaffen es, bis zu 240 Liter Wasser pro Tag durch ihren Körper zu filtrieren und spielen damit eine große ökologische Rolle bei der Wasserreinigung. Austern findet man auch als Lebensmittel in unseren Küchen. In Austernzuchten benötigt eine Auster bei günstigen Bedingungen nur acht Monate, um ihr Verzehralter zu erreichen.

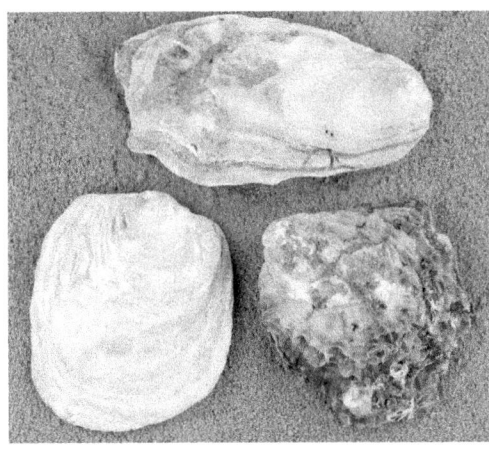

Austernschalen in verschiedenen Größen, Farben und Formen.

Bei dieser Halskette verwende ich einen schwarzen Lederhalsreif mit einem Bajonett-Drehverschluss. Passend zur Austernschale werden farblich passende Perlen in unterschiedlichen Größen ausgewählt.

Die Austernschale hat mehrere Bohrlöcher (Pfeile), um den Schmuckdraht von der Innenseite zur Außenseite und zurück durch die Löcher zu ziehen.

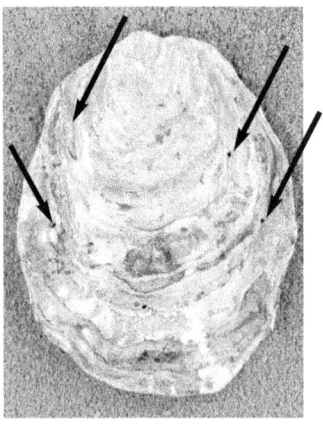

Die Idee kam auf, die Austernschale nicht nur mit dem Schmuckdraht an dem Halsreif zu hängen, sondern auch einige kleine Perlen auf der Austernschale mit Schmuckdraht zu befestigen. Dazu wird die Austernschale mehrfach durchbohrt.

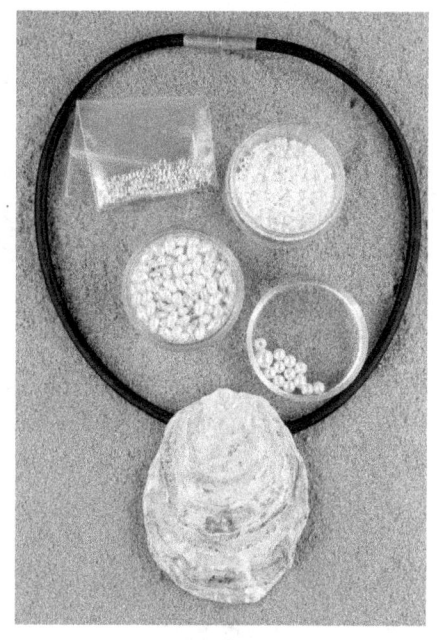

Der linke Schmuckdraht wird zu einer kleinen Spirale gedreht, eine Perle wird aufgefädelt und von der Vorderseite der Austernschale durch das untere gebohrte Loch und darauf von hinten durch das obere linke Loch (Pfeile) gezogen. Der rechte Schmuckdraht wird auf der Rückseite der Austernmuschel durch eine gedrehte Drahtschlinge am Herausrutschen gehindert, bevor er durch das rechte Bohrloch nach vorn gesteckt wird.

Nun werden verschiedene Perlen auf den rechten Schmuckdraht gefädelt, bevor er durch das vierte Loch wieder auf die Rückseite der Austernschale gezogen wird. Durch das fünfte Bohrloch wird der rechte Draht wieder auf die Vorderseite der Muschel gesteckt. Auf der Vorderseite der Austernschale werden noch Perlen auf beide Schmuckdrähte aufgefädelt. Diese dann jeweils rechts und links um den Lederhalsreif wickeln, je eine letzte Perle aufziehen und zum Schluss eine Spirale drehen. Damit ist die geschmückte Austernschale befestigt.

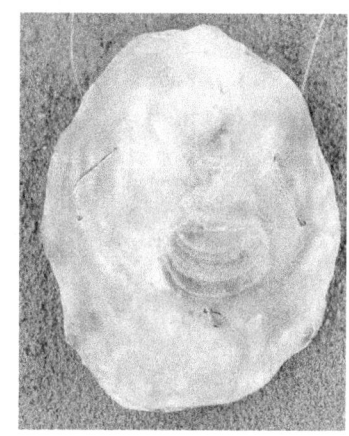

Detailansicht.

Detailansicht der Innenseite.
Drahtschlinge unten mittig
zu sehen. Rechts die beiden
anderen Bohrlöcher
(4 und 5).

Detailansicht:
Vorder- und
Rückseite.

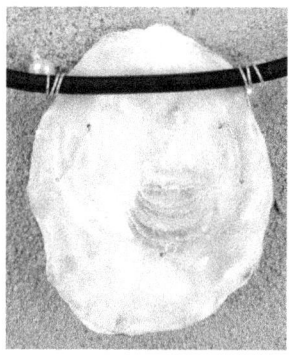

Das fertige Schmuckstück.

Napfschnecke

Von den Lofoten bis zum Mittelmeer, in der Nordsee und im Atlantik leben Napfschnecken.
Oft haben sie schon in der Spitze ihres Kegels ein Loch. Es wurde von einem Seeigel hineingebohrt, bevor er die Napfschnecke verzehrte.

Napfschnecken in unterschiedlichen Größen und Farben. Die unteren linken Napfschnecken sind mit Gold- und Kupferfarbe bemalt. Wie das geht, siehe Kapitel Vergolden und Versilbern, *ab S. 159.*

Manche Napfschnecken haben eine so schöne Maserung, dass man sie ohne große Verschönerung zum Schmuckstück verarbeiten kann, z. B. diese große Tigernapfschnecke. Das Schneckenhaus kommt mit einer einzelnen Perle in der Mitte sehr gut zur Geltung. Auch hier wird das Muster der Schnecke durch die zweifarbigen Glasperlen betont.

Große Tigernapfschnecke (3,5 cm).

Die Napfschnecke wird mittig durchbohrt. Eine milchige Perle wird auf den Schmuckdraht gezogen und an einem Drahtende befestigt. Dann wird das Ende des Drahtes von vorn durch das Loch in der Schnecke geführt und zu einer Öse gedreht (siehe auch S. 60). Damit wird die Napfschnecke an der Halskette befestigt.

Halskette aus unterschiedlich großen Napfschnecken (1,5 bis 2 cm).

Detailansicht: Die kleinen Perlen auf dem Schmuckdraht sind goldfarben und braun.

Apfelschnecke

Diese Wasserschnecken leben in Süßgewässern in den tropischen Regionen von Afrika, Asien und Amerika. Apfelschnecken kommen in unterschiedlichen Größen und Farben vor, was Sie sich bei der Schmuckherstellung zunutze machen können.

106

Apfelschnecken in der Größe
von 2 bis 3,5 cm.

Da manche Apfelschne-
ckenhäuser nicht so be-
sonders schön aussahen,
werden sie hier mit einer
Effektfarbe von Pebeo angemalt. Dadurch bekommen sie einen antiken Look
und sehen fast nicht mehr wie echte Schneckenhäuser aus.

Apfelschnecken rechts angemalt,
links ohne Farbe.

Die Schneckenhäuser sollten
mit ihrer Mündung auf der
Haut der Halskettenträge-
rin liegen und nicht von der
Seite zu sehen sein. Aus diesem Grund werden sie an
den Mündungsseiten durch-
bohrt. Farbflecken, die bei
der Trocknung entstehen, sind durch diese Art der Bohrung am Ende nicht
mehr sichtbar.

Detailansicht: Die
Schneckenhäuser sind von
den Seiten an der Mündung
durchbohrt und aufgefädelt.

Fertige Halskette aus Apfel-schnecken (3 cm im Durch-messer), kombiniert mit rosa Perlen.

Ist die Halskette zu leicht, können Sie die Schne-ckenhäuser nach dem Bohren und vor dem An-malen auch mit etwas Gips füllen. Dazu flüssigen Gips ins Schneckenhaus gießen, das Schneckenhaus drehen, damit der Gips ins Innere fließt und es dann so hinlegen, wie das Schneckenhaus später an der Halskette liegen soll. Dadurch kommt der Gips am Schwerpunkt des Schneckenhauses zum Aus-trocknen und beschwert es gut.

Kleine weiße Apfelschnecken.

Wie man an einigen kleinen Mu-scheln erkennen kann, brach beim Bohren ein Teil des Schneckenhauses weg. Je kleiner die Schneckenhäuser oder Muscheln sind, desto vorsichtiger bitte bohren.

Bei der nächsten Halskette aus Apfelschnecken wird wieder mittig durch die Mündung des Schneckenhauses gebohrt. Die Schnecken werden so aufgefä-delt, dass zwischen zwei Mündungen der Schnecken-häuser jeweils eine braune Perle sitzt.

Kette aus kleinen weißen Apfelschnecken.

Schmuck aus Landschnecken

Natürlich muss es nicht unbedingt die Meeresschnecke oder die Meeresmuschel sein, aus der Sie Schmuck designen können, auch Landschnecken eignen sich.

Weinbergschnecken

Meine Schneckenhäuser habe ich in der Tiefkühltruhe in unserem Supermarkt um die Ecke entdeckt. Dann gab es sonntags zur Vorspeise Weinbergschnecken. Statt die Schneckenhäuser wegzuwerfen, habe ich sie mit einer Effektfarbe von Pebeo angemalt.

Die Weinbergschnecken werden im hinteren oberen Bereich des Schneckenhauses durchbohrt. Zuvor am besten ein nicht so schönes Schneckenhaus verwenden und verschiedene Bohrungen durchführen, damit Sie wissen, wie Sie bohren müssen, und die Schneckenhausmündung nach hinten zeigt und nicht nach vorn.

Drei Weinbergschnecken mit Effektfarbe bemalt, getrocknet und danach durchbohrt. Kombiniert mit rosa und lilafarbenen Perlen.

Detailansicht der Bohrung.

Landschnecken von Malta

Die folgenden zwei Halsketten und ein Armband sind aus Landschnecken kreiert, die ich auf Malta gefunden habe.

Sie werden so durchbohrt, dass die verwendeten Perlen genau auf den Mündungen der Schneckenhäuser zu liegen kommen. Dazu wird der Bohrer mittig durch die Mündung des Schneckenhauses geführt und im 90 Grad Winkel zur Mündung gebohrt. Die Halskette besteht aus kleinen rosa Glasperlen, Schneckenhäusern und asymmetrischen Rosenquarzkristallen.

Mittig eine rosa Glasperle.

Die Schneckenhäuser werden so angeordnet, dass ihre Mündungen immer zur großen Perle hin zeigen. Nach zwei durchbohrten, aufgefädelten Schneckenhäusern kommt hier immer ein Stück Rosenquarz.

Detailansicht.

110

Halskette und drei-reihiges Arm-band aus maltesischen Land-schnecken.

Bei der Her-stellung des Armbands die Anzahl der Perlen zu Beginn und am Ende jedes Schmuckdrahtes variieren, sodass die Schneckenhäuser auf den einzelnen Schmuckdrähten nicht auf gleicher Höhe zu liegen kommen. Sie können auch unterschiedlich lange Schmuck-drähte verwenden, dadurch passiert es nicht.

Dreireihiges Armband.

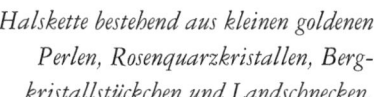

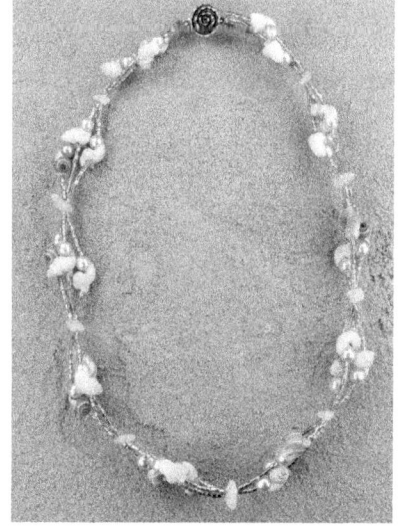

Bei der nebenstehenden Kette wer-den die Schneckenhäuser wieder mit-tig durch ihre Mündung gebohrt.

Halskette bestehend aus kleinen goldenen Perlen, Rosenquarzkristallen, Berg-kristallstückchen und Landschnecken.

111

Die Größe der Perle wird so ausgewählt, dass sie genau auf die Mündung des Schneckenhauses passt.

Bei dieser Kette werden drei Schmuckdrähte gleichzeitig verwendet. Auf jeden Draht werden eine große Perle, eine Landschnecke und ein Bergkristallstückchen aufgefädelt. Damit sich die Schneckenhäuser nicht auf gleicher Höhe befinden, werden auf den ersten Draht drei, auf den zweiten fünf und auf den dritten acht goldene Perlen aufgezogen, bevor die Perle, das Schneckenhaus, das Bergkristallstückchen und weitere goldene Perlen aufgefädelt werden. Alle Drähte werden dann durch den Rosenquarzkristall gezogen.

Detailansicht der Anordnung von Perlen, Kristallen und Schneckenhäusern.

Passendes Armband dazu mit kleinen goldenen und großen perlmuttweißen Perlen.

Weitere Schmuckstücke aus Landschnecken finden Sie im Kapitel *Vergolden und Versilbern* ab S. 159.

Schmuckstücke aus Schneckenhaus- und Muschelresten

Oft finden Sie am Strand schöne Reste von Muschelschalen oder Schneckenhäusern, die einfach danach rufen, gesammelt zu werden. Selbst aus diesen Fundstücken lassen sich schöne Schmuckstücke gestalten.

Das sehen Sie bereits bei der Halskette aus Resten. Hier wird eine Öse aus Schmuckdraht und einer Quetschperle über das obere Ende des Innengewindes gelegt. Dann können Sie unterschiedliche Perlen auffädeln. Der Draht wird einmal komplett um das Gewinde des Schneckenhausrestes bis zum unteren Ende gewickelt. Dort wird wieder mithilfe einer Quetschperle eine Öse hergestellt und der Schmuckdraht am unteren Ende des Innengewindes befestigt. Ein zweiter Schmuckdraht wird einmal mittig des Gewindes unter dem ersten Schmuckdraht hindurchgezogen. Nun fädeln Sie Perlen rechts und links auf den zweiten Schmuckdraht. Am Ende wird an den beiden Drahtenden des zweiten Schmuckdrahtes ein Kettenverschluss befestigt und fertig ist die neue Halskette.

Innengewinde eines Schneckenhauses mit zwei Schmuckdrähten umwickelt. Der erste Draht dient zur Zierde des Gewindes, der zweite als Halskette.

Das nächste Fundstück wird im oberen Drittel durchbohrt, der Schmuckdraht durchgezogen und die Perlen aufgefädelt. Am Ende wird ein Strassstein in eine natürliche Vertiefung geklebt. Fertig.

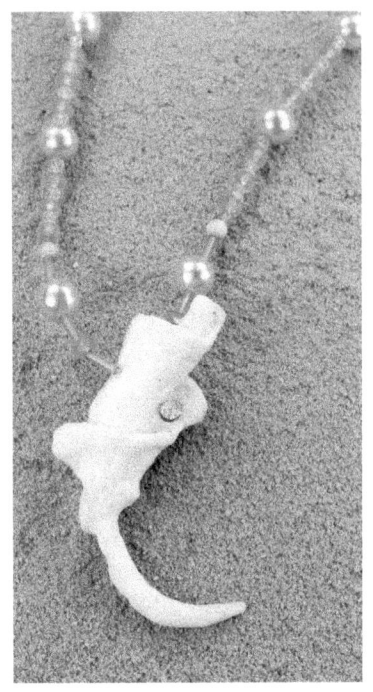

Detailansicht des Schneckenhausrestes mit Strassstein.

Ein Ohrring aus Muschelschalenresten: Hier werden zwei kleine Muschelschalenreste mit viel Kleber zusammengeklebt und damit auch der Ohrring stabilisiert. Ein Ohrstecker wird in den noch feuchten, aber schon etwas gefestigten Kleber gesetzt. Nach der Trocknung wird noch der Strassstein zwischen die Muschelschalen geklebt.

Rückseite des Ohrrings.   *Vorderseite.*

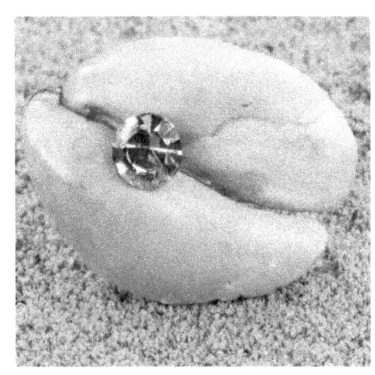

114

Halskette aus Perlmuttscheib-
chen kombiniert mit weißen
und kleinen hellgelben Perlen.

Perlmuttscheibchen

Die hier verwendeten Perlmuttscheibchen habe ich
in Thailand am Strand
gefunden. Dort liegen sie
in den unterschiedlichsten
Größen. Sie finden sie aber
auch an anderen Stränden.
Die Plättchen werden im
oberen Fünftel vorsichtig
durchbohrt. Ein durch-
sichtiger Perlonfaden wird
durch eine Quetschperle,
eine klein hellgelbe Perle
und die Perlmuttscheibe gezogen. Darauf wird der Perlonfaden wieder durch
die kleine hellgelbe Perle und die Quetschperle gezogen.
Bitte etwas Platz zwischen der Quetschperle und der hellgelben Perle lassen,
bevor Sie die Quetschperle zusammendrücken. Damit haben Sie eine kleine
Schlinge hergestellt und Ihren ersten Perlmuttscheibenanhänger. Sie müssen

viele Perlmuttblättchen sammeln,
bohren und Schlingen basteln.
Am Ende werden sie dann so
hingelegt, wie Sie sie auf den
Schmuckdraht auffädeln möchten,
bevor Sie wirklich mit dem Auffädeln beginnen.

Detailansicht.

Die schönste und größte Perlmuttscheibe ist hier mittig gelegt. Die anderen werden nach oben hin immer kleiner. Sie werden schuppenartig angeordnet. Zwischen den großen weißen Perlen sehen Sie die goldenen Quetschperlen. Einen passenden Armreif mit einem Perlmuttscheibchen finden Sie auf Seite 42. Passende Ohrringe lassen sich ebenfalls gut aus den Perlmuttscheibchen herstellen. Im oberen Teil der Perlmuttscheibe mit durchsichtigem Perlonfaden eine Schlaufe legen, eine kleine Perle auffädeln und mit der ersten Quetschperle befestigen. Die 2. Perle wird direkt auf den Perlonfaden gezogen, dann mit der 2. Quetschperle eine Öse hergestellt und am Ohrringhaken befestigt.

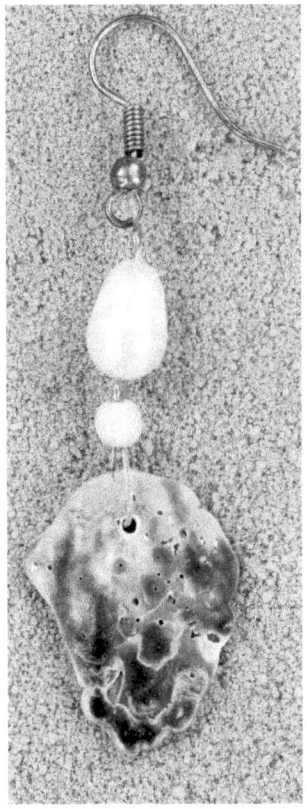

Perlmuttohrring passend zur Halskette.

Manche Fundstücke brauchen Sie nur noch mit Kleinigkeiten verzieren und sie werden zum absoluten Prachtstück. Wenn Sie dazu Strasssteine verwenden, ist es schön, wenn im Strandgut bereits Löcher vorhanden sind. Ist das nicht der Fall, dann bohren Sie mit einem kleinen Bohrer (Größe 0,6–0,8 mm) Löcher für die kegelförmigen Rückseiten der Strasssteine. Das Loch sollte so tief und so breit sein, dass der Strassstein passgenau im Loch sitzt, bevor er festgeklebt wird. Ist das nicht der Fall, sieht es nicht so schön aus.

Beim nächsten Fundstück wird ein Perlmuttstückchen an einer Stelle etwas angebohrt und in das Bohrloch ein Strassstein geklebt. Auf die Rückseite kommt eine Anstecknadel und fertig ist die Brosche.

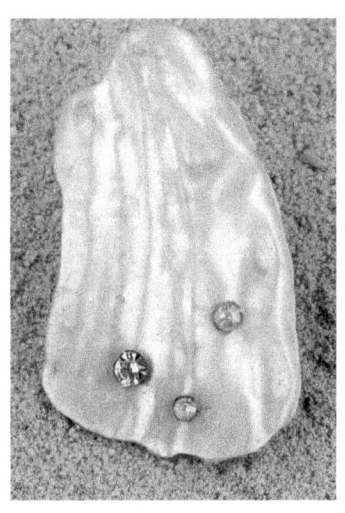

Ein Stück Muschelschale mit drei Strasssteinen. Auf dem rechten Bild erkennt man die gebohrten Löcher auf der Rückseite der Muschelschale.

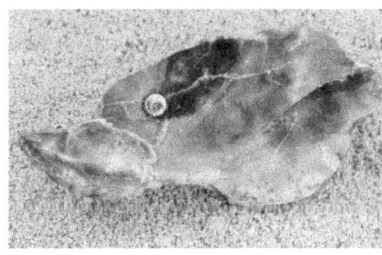

Das Aussehen des Perlmuttstückchens spricht für sich.

Rückseite des Perlmuttstückchens mit Anstecknadel. Durch die Menge des Klebers wird die Perlmuttscheibe gleichzeitig stabilisiert.

Verkalkte Muschelreste
Beim nächsten Schmuckstück hatte ich einfach sehr viel Glück. Es besteht aus einem verkalkten Muschelrest mit einem natürlichen Loch in der Mitte, in das ich die Perle einfach nur hineinquetschen musste. Das Schmuckstück wird im oberen Bereich durchbohrt, ein Schmuckdraht hindurchgezogen, Perlen in den Farben des Muschelrestes aufgefädelt, ein Kettenverschluss angebracht und fertig ist die Halskette.

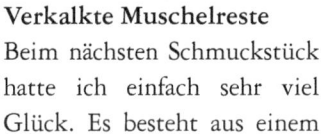

Verkalkter Muschelrest als Anhänger mit natürlichem Loch und integrierter Perle.

Manche Muschelreste müssen Sie nicht einmal anbohren für den Schmuckdraht oder, wie unten links zu sehen, das Seidenband. Dabei wird ein Seidenband durch ein vorhandenes Loch gezogen. Im unteren Bereich dieses verkalkten Muschelrestes wird noch eine kleine Perle mit Schmuckdraht und Quetschperle befestigt. Fertig.

Verkalkte Muschelschale als Ohrring, mit drei kleinen, nachträglich zu Hause eingeklebten Strasssteinen.

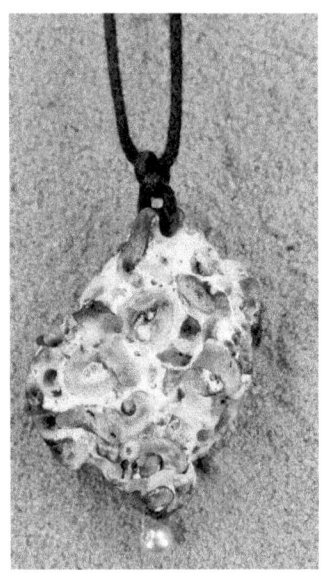

Der Muschelrest wirkt für sich. Die kleine Perle dient als Blickfang.

Viel Spaß beim erholsamen Strandgang und beim Sammeln.

Mit Samen und Holz

Am Strand finden sich oft schöne Holzstücke, Samen und Fruchtkerne. All das lässt sich gut zu Schmuckstücken verarbeiten, wenn sie nicht zu groß sind. Ein länglicher Ast, der einen Kopf wie eine Muräne hat, liegt als Dekoration auf meinem Schreibtisch. Ich fand ihn, nachdem ich eine Stunde zuvor eine Muräne vom Angelhaken eines Freundes in Griechenland freigelassen hatte. Zufall?

Verschiedene Samen, Fruchthülsen und -kerne.

Flammenbaumsamen

Der Flammenbaum wächst in den Tropen und Subtropen, seine eigentliche Heimat ist aber Madagaskar und er gehört zu den Johannisbrotgewächsen.

Ein Flammenbaum.

Die Samen des Flammen-
baumes, auch Flammboy-
ant genannt, befinden sich
in einer langen Schote.
Manchmal lacht einem das
Glück und es finden sich
noch geschlossene Schoten
mit vielen Samen.

Eine Schote des Flammenbaumes mit ihren Samen.

Die Samen aus der Schote nehmen, waschen
und im oberen Drittel durchbohren. Schon
können Sie sie wie Perlen verwenden.
Erst als ich das untere Foto sah, fiel mir auf,
dass zwischen den ersten beiden Samen rechts
die weiße Perle fehlt. Tja, wie das so ist mit
dem Meister und dem Himmel? In der Mitte
hängt ein kleiner Muschelrest. Vom vielen Tra-
gen der Halskette haben einige Perlen ihre Farbe verloren. Es waren billige
Perlen, im Nachhinein einfach nur ärgerlich.

*Flammenbaumsamen-
Halskette.*

Neu aufgefädelte Flammenbaum-samen-Halskette mit neuen Perlen.

Zypressenzapfen

Auf dem Weg zum Strand stehen oft Zypressen. Ihre Zapfen sehen unge-wöhnlich aus und fühlen sich glatt an. Zypressen wachsen in allen warmen Klimazonen der nördlichen Halbkugel, in Zentralamerika, im westlichen Nordamerika, im Himalaya, im Nahen Osten, im nordwestlichen Afrika, im nördlichen Vietnam sowie im südlichen China.

Beide Halsketten mit Zypressenzapfen wurden mit unterschiedlichen Farben angemalt.

Zypressenzapfen und die Farbe Perlsilber-blau von Javana.

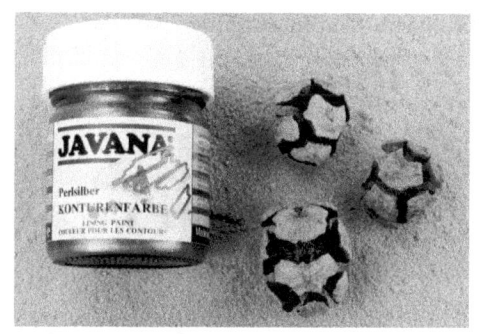

Bei der ersten Halskette wird der erste Zapfen mit schwar-zem Perlonfaden mittig um-wickelt und verknotet. Dann reihen Sie rechts und links eine Perle auf. Nun wird es knifflig, denn Sie müssen mit dem rechten und linken Faden alle weiteren Zy-pressenzapfen jeweils umwickeln und festknoten. Sie haben aber nur ein Fa-denende zur Verfügung, nicht zwei. Die Mühe lohnt sich jedoch.

121

Fertige Halskette aus Zypressenzapfen mit perlmuttfarbenen Glasperlen.

Da die Zypressenzapfen nicht symmetrisch sind, wird die Halskette etwas asymmetrisch, hat dafür aber einen ganz besonderen Charme und es fällt beim Tragen nicht auf.

Detailansicht.

Für die zweite Halskette werden die Zapfen pink angemalt. Alte Knöpfe oder alte Halsketten, die einem nicht mehr gefallen, haben Sie sicherlich im Haus. Was damit tun? Sie für neue Ideen verwenden!

Die alten metallischen Perlen und die Zypressenzapfen wurden pink angemalt.

122

Materialien für eine neue Kette.

Dazu passen auch rosafarbene Glasperlen. Eigentlich wollte ich die schwarzen Perlen ebenfalls einbauen, doch beim Gestalten fiel mir auf, dass sie zu dominant wirken. Aus diesem Grund wurden sie dann doch nicht verwendet. Die einzelnen Schritte zur Herstellung der Kette sind die gleichen wie bei der blauen Kette.

Fertige Halskette.

Da die Halskette verschenkt werden sollte, habe ich noch eine schöne Verpackung gefertigt. Die Schachtel wird mit blauem Stoff ausgelegt. Auf den Schachteldeckel klebte ich eine mit Goldfarbe besprühte Baumflechte (siehe Kapitel Vergolden und Versilbern, S. 163).

Eichelkappen

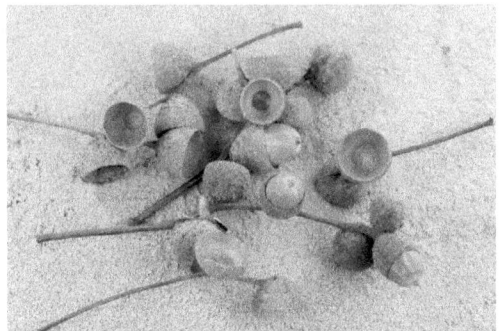

Eichelkappen in unterschiedlichen Größen, zum Teil noch mit Stiel. Zum Basteln bitte die Stiele von den Kappen und die Eicheln aus den Kappen entfernen.

Auf dem Weg zum Strand oder im heimischen Wald finden Sie häufig Eichen, unter denen viele Eicheln mit und ohne Eichelkappe liegen. Aus diesen Kappen lässt sich ein ausgefallenes Schmuckstück herstellen.

Grundlagen für das nächste Schmuckstück: Holzscheibchen (hier von einer alten Halskette. Knöpfe gehen auch), Perlsilberblau, durchsichtiger Perlonfaden und weiße Perlen.

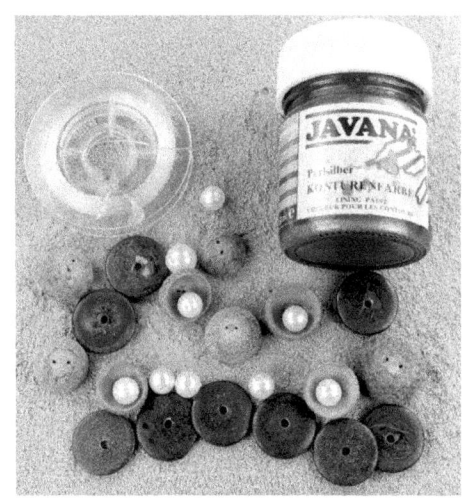

Die Eichelkappen werden genau in der Mitte einmal durchbohrt und angemalt, ebenso die Holzscheibchen.

124

Getrocknete Eichelkappen,
Perlen und Holzscheibchen.

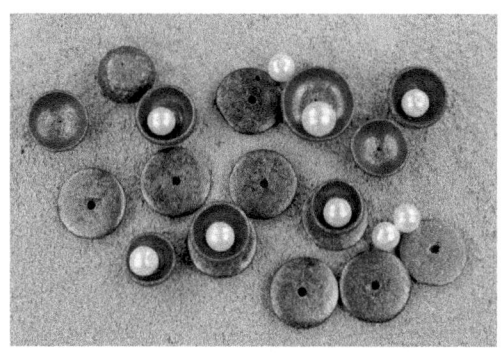

Nun legen Sie sich die
Scheibchen so hin, wie die
Halskette später aussehen
soll. Auf jedes Holzscheibchen kommt eine Eichel-
kappe und hinein eine
weiße Perle.

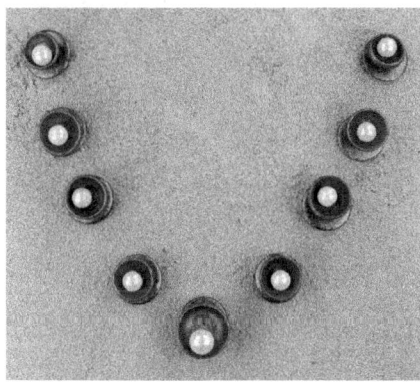

Detailansicht.

Sie ziehen einen durchsichtigen
Perlonfaden durch die Öse des
Kettenverschlusses, sodass Sie
zwei gleichlange Schmuckfäden
haben und befestigen ihn mit
Hilfe einer Quetschperle direkt
am Kettenverschluss. Natürlich
können Sie auch zwei einzelne
Schmuckfäden am Kettenver-
schluss befestigen. Die ersten kleinen Perlen werden auf beide Perlonfäden
aufgefädelt, je nach gewünschter Länge bis zur ersten Eichelkappe. Bitte be-
denken Sie, dass die ersten Eichelkappen erst unterhalb Ihres Schlüsselbeins
liegen sollten. Eichelkappen im Nacken können störend wirken.
Jetzt wird es etwas kompliziert. Der erste Faden kommt von unten durch das
Holzscheibchen und geht durch das Loch in die Eichelkappe. Hier wird die
Perle aufgefädelt und der Faden geht wieder zurück. Erst durch die Eichelkappe, dann durch das Holzscheibchen. Der zweite Faden wird zwischen
Eichelkappe und Holzscheibchen durch den ersten Perlonfaden hindurchge-
fädelt. Nun fädeln Sie beide Schmuckfäden durch eine kleine Perle und stabi-
lisieren so das Ganze.

Detailansicht über den Verlauf der beiden Schmuckfäden. Das Klebeband wurde nur für die Aufnahme an den Schmuckfäden befestigt.

Fertige Halskette aus Eichelkappen von der Seite.

Mittig hängt die größte Eichelkappe und eine etwas größere Perle.

Fertige Halskette von vorn.

Andere Samen und Fruchtkerne

Viele Samen, die man am Strand findet, sind wunderschön, aber zu welchem Baum oder Strauch gehören sie? Am besten vor Ort bei Einheimischen oder im Hotel nachfragen, ob jemand den Samen oder den Fruchtkern kennt. Manchmal hilft auch etwas Internetrecherche, um herauszufinden, ob der Baum oder der Strauch, von dem unser Fund stammt, unter Naturschutz steht.

Wenn Sie nichts finden, ist es Ihr eigenes Risiko, daraus Schmuck herzustellen. Bis jetzt fand ich immer nur Samen und Fruchtkerne, die nicht unter Naturschutz standen. Außerdem habe ich dabei viele freundliche Menschen kennengelernt, die mir gern weitergeholfen haben. Ihr Schmuckstück aus Samen und Fruchtkernen wird etwas Besonderes und erinnert Sie stets an den Strand, wo Sie es gefunden haben.

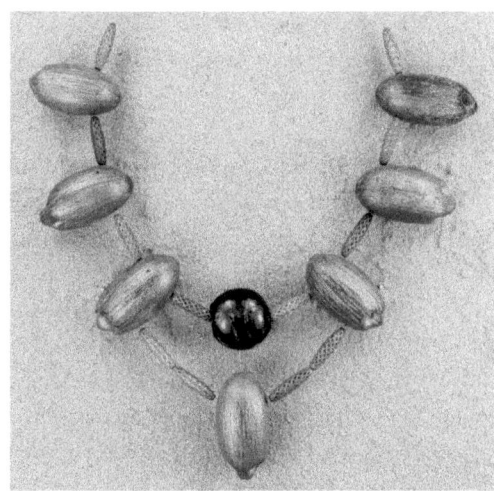

Diese großen Fruchtkerne fand ich in Costa Rica am Strand. Sie sind zu Hause mit Bronzefarbe angemalt worden, im oberen Drittel durchbohrt und zur Halskette zusammengesetzt. Als Abstandshalter nahm ich längliche Gitternetzperlen.

Ohrring, passend zur Halskette aus einem großen Fruchtkern mit länglicher Gitternetzperle.

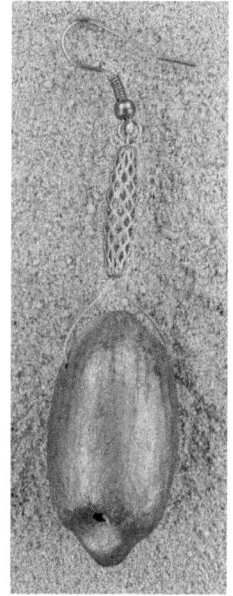

Beim nächsten Schmuckstück werden die Samen zuerst in Altrosa komplett bemalt und dann getrocknet. Dann kommen Einmalhandschuhe zum Einsatz. Die Handschuhe anziehen, ein paar Tropfen Perlmuttfarbe in die Hand träufeln, die Handflächen aneinander reiben und damit die Farbe gut verteilen. Die Samen dann vorsichtig zwischen den Händen rollen. Dadurch nehmen sie die Farbe auf. Etwas antrocknen lassen und danach mit einem trockenen

Tuch die überschüssige Farbe entfernen. Durch diese Technik bleiben die Rillen in den Samen altrosa und nur die Oberfläche des runden Samens nimmt die Perlmuttfarbe an. Wird zu viel Perlmuttfarbe zwischen die Handflächen genommen, färben Sie leider den ganzen Samen ein. Also sparsam mit der zweiten Farbe arbeiten.

Halskette aus runden Samen, kleinen gold- und perlmuttfarbenen Perlen sowie einem großen Fruchtkern.

Der große Fruchtkern in der Mitte wird erst altrosa angemalt, dann die etwas angetrocknete Farbe vorsichtig von den hervorstehenden Strukturen mit einem trockenen Tuch wieder entfernen. Dadurch wirken sie dunkler. Nach der Trocknung der ersten Farbe wird die zweite Farbschicht aufgebracht.

Dazu ziehen Sie wieder Einmalhandschuhe an, geben einige Tropfen Perlmuttfarbe auf die Handflächen und reiben den Furchtkern vorsichtig zwischen den Handflächen mit der Farbe ein. Die altrosafarbenen Rillen bekommen dabei keine Farbe ab.

Detailansicht: Der große Fruchtkern mit altrosa Rillen und Perlmuttfarbe auf den äußeren Strukturen.

Wieder etwas antrocknen lassen und wieder die Perlmuttfarbe vorsichtig von den hervorstehenden Strukturen entfernen. Dadurch wirkt der Fruchtkern plastischer.

Beim nächsten Schmuckstück wird ein großer, sehr leichter Samen auf einer Seite durchbohrt, ein Schmuckdraht hindurchgezogen und daraus eine Drahtöse gedreht. Durch diese Öse ziehen Sie ein Lederband. Darauf kommen dann noch schwarze Holzperlen, zwei goldene Drahtspiralen zur Beschwerung und mit Kupferfarbe angemaltes Verpackungsmaterial. Sie können auch Holzperlen verwenden, wenn Sie kein Verpackungsmaterial haben.

Fertiges ausgefallenes Schmuckstück.

Nektarinen- und Pfirsichkerne finden Sie nicht nur am Strand, sondern auch frisch in den Früchten. Wer also keine Lust auf alte, sandige Fruchtkerne vom Strand hat, kann natürlich erst einmal Obst essen und diese Kerne verwenden. Allerdings bleibt das Fruchtfleisch gern an den Kernen hängen. Daher müssen Sie die Fruchtkerne mindestens 10 Minuten in Salzwasser kochen. So kommt der restliche Fruchtsaft aus den Kernen heraus und die Fruchtfasern lassen sich besser mit einer Handbürste entfernen. Wer will schon einen klebrigen Halsschmuck haben?

129

Im folgenden Bild sehen Sie eine Halskette aus halben Pfirsichkernen vom Strand. Die Kerne werden mit Kupferfarben angemalt, im oberen Viertel durchbohrt und zusammen mit goldenen Metallperlen aufgefädelt.

Es glaubt Ihnen keiner, dass das Pfirsichkerne sind.

Einige Samen sind etwas stachelig, wie z. B. Zedernsamen. Bei diesen Samen muss die am Hals aufliegende Seite des Samens etwas abgeschliffen werden, z. B. mit einer Nagelfeile. Sie können sie auch anmalen, um ihre Herkunft etwas zu verbergen und ihr außergewöhnliches Aussehen hervorzuheben. Zedern findet man vom Mittelmeer bis zum westlichen Himalaya.

Hier sind verschiedene natur-belassene Samen, unter anderem Zedernsamen und Fruchtkerne, mit Perlen kombiniert.

Manchmal habe ich auch Glück und finde ein ausgefallenes Holzstück. Das Stück der kommenden Halskette war hohl. Durch diese natürliche Öffnung ziehen Sie Schmuckdraht der Stärke 0,6 mm. Auf dem Draht werden die erste große Perle, eine flache Perlenscheibe und eine zweite Perle aufgezogen, bevor der

Schmuckdraht wieder durch die flache Perlenscheibe und die erste Perle zurück durch das hohle Holzstück gefädelt wird. Auf beide Enden des Schmuckdrahtes wurde eine weitere Perle aufgezogen, bevor jeder Draht einzeln mit Perlen und flachen Perlenscheiben bestückt wurde.

*Ausgefallene
Halskette.*

Am Strand finden Sie sehr viel. Lassen Sie Ihre Fantasie spielen und toben Sie sich aus beim Schmuckgestalten.

Mit Glas und Stein

Sie finden einen schönen Stein am Strand und denken sich: „Das wäre ein schönes Schmuckstück." Aber wie ver- oder bearbeiten? Er ist zu hart zum Durchbohren oder könnte beim Versuch zerspringen. Hier haben Sie die Möglichkeit, den Stein oder das Glas mit Schmuckdraht, Baumwoll- oder Lederband, synthetischem Garn oder transparentem Perlonfaden zu umwickeln. Leider werfen viele Menschen ihren Abfall einfach ins Meer. Aber der Abfall ist wie ein Bumerang und kommt zu uns in den verschiedensten Formen wieder zurück. Glasscherben sind ein gutes Beispiel dafür. Wie oft haben Sie schon eine schöne Scherbe gefunden mit abgerundeten Ecken und Kanten und sahen in ihr bereits ein Schmuckstück, wussten aber nicht, wie Sie es herstellen könnten? Hier finden Sie nun Möglichkeiten dazu.

Glasscherben

Verschiedenfarbige Glasscherben vom Strand.

Gerade aus Glasscherben lassen sich schöne Halsketten machen. Dazu habe ich die Glasstückchen mit „Glitzernagellack", den ich zufällig dabei hatte, angemalt und mit Draht umwickelt. Für die Glasstückchen-Halskette brauchen Sie Schmuckdraht der Stärke 0,8 mm, um die Glasscherben zu umwickeln. Schmuckdraht zum Auffädeln in der Stärke 0,6 mm, Nagellack, eine Rundzange, zwei Quetschperlen und einen Kettenverschluss.

Materialien für die Glas-
stückchen-Halskette.

Und so wird es im Einzel-
nen gemacht: Suchen Sie
sich erst einmal die schöns-
ten Glasscherben heraus,
lackieren Sie diese z. B.
mit Nagellack und lassen
Sie sie trocknen. Die Glasstückchen sollten kleine Einkerbungen haben, damit
später der Draht besser hält. Runde Glasstückchen zu bearbeiten ist schwieriger. Aber mit etwas Übung bekommen Sie auch das hin. Natürlich können
Sie auch naturbelassene Steine und Glasscherben verwenden.
Nehmen Sie einen ca. 10 cm langen Schmuckdraht der Stärke 0,8 mm und
drehen eine kleine Schlinge. In die entstandene Schlinge setzen Sie das eine
Ende des Glasstückchens. Nun wird der Draht um die Glasscherbe gewickelt.
Sie können auch Muster aus dem Draht formen, auf die Frontseite des Glasstückchens legen und dann erst den Draht um die Scherbe wickeln. Sind Sie
im oberen Bereich des Glasstückchens angekommen, wird aus dem Drahtende
eine Öse gedreht. Es ist Fummelarbeit, bitte
nicht verzweifeln. Aber die Mühe lohnt sich.
Zuerst wird der Schmuckdraht zu einem kleinen Muster gebogen, bevor die beiden Drahtenden nach hinten gebogen werde.

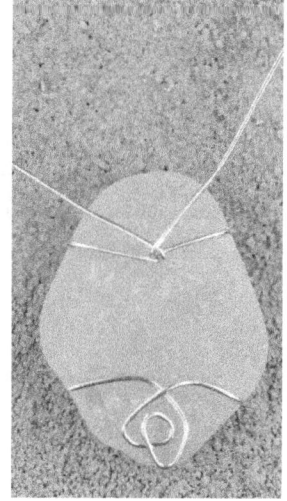

Erste Schlinge an der Glasscherbe aus versilbertem
Schmuckdraht mit einer Stärke von 0,8 mm.

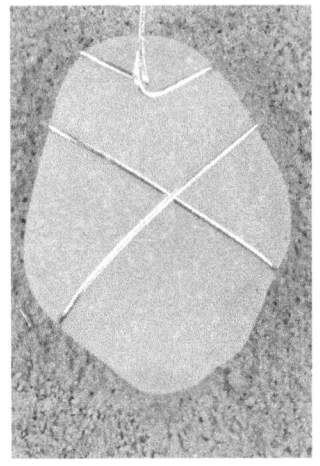

Auf der Rückseite der Glasscherbe über-
kreuzen Sie die Drahtschlingen und biegen
sie wieder zur Vorderseite und dann wieder
auf die Rückseite.

Nun kürzen sie die Schmuckdrähte auf
1,5 cm und drehen aus ihnen eine Öse.

Gedrehte
Öse an der
Spitze der
Glas-
scherbe.

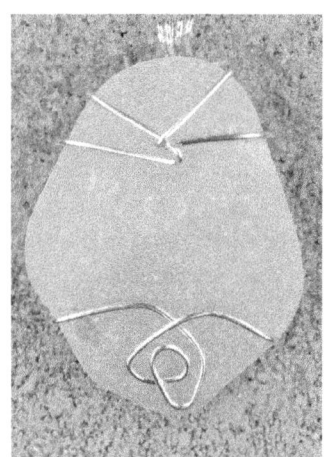

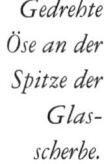

Der fertige
Anhänger.

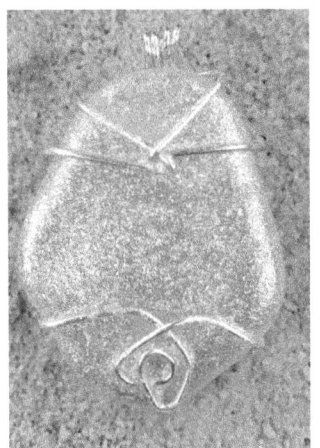

Wenn Sie ihn erst im Nachhinein mit Nagellack bemalen, setzt sich der Nagellack
auch in die Drahtschlingen und stabilisiert
den Anhänger.
Um nicht zu viel teuren Schmuckdraht zu
verschwenden, umwickeln Sie die Glasscherbe oder den Stein zuerst einmal mit
einem Faden, mit so vielen Umwickelungen,
wie Sie anwenden wollen. Zum Schluss noch

2 bis 3 cm Länge hinzurechnen für die Drahtöse am Ende. Nun können Sie den Schmuckdraht mit Hilfe des Fadens in der richtigen Länge abschneiden.

Die lackierten und umwickelten Glasstückchen als fertige Halskette, kombiniert mit Rosenquarzkristallen und rosa Perlen. Zum Umwickeln Schmuckdraht der Stärke 0,6 mm.

Halskette aus verschiedenfarbigen Glasscherben und durchsichtigen Glasperlen.

Schwarze Perlen in Kombination mit verschiedenfarbigen Glasscherben.

Hier wird Schmuckdraht der Stärke 0,8 mm zum Umwickeln verwendet. Da der Schmuckdraht dicker ist, ist er etwas schwerer zu verbiegen.

135

Armband im gleichen Design wie die Halskette aus Memory wire Spiraldraht, Perlen und Glas.

Weitere Möglichkeiten des Halskettendesigns: Sie verwenden nur einfarbige Glasscherben. Bei der folgenden Halskette habe ich mich auf zwei Farben beschränkt: Silber und Schwarz. Der silberne Schmuckdraht, mit dem die Glasscherben umwickelt werden, hat eine Stärke von 1 mm.

Klare Glasscherben mit Glitzernagellack lackiert, kombiniert mit Silberdrahtperlen und kleinen, schwarzen Perlen.

Bimsstein

An vielen Stränden kann man Bimssteine finden, besonders wenn die Inseln oder das Land vulkanischen Ursprungs sind. Die hier verwendeten Bimssteine habe ich in Griechenland, auf den Kykladen, gefunden. Da diese sehr leicht sind, verwende ich meist etwas schwerere Perlen oder Halbedelsteine zum Beschweren der Kette.

136

Bimssteine.

Verwendete Bohrerstärke 0,6 bis 1 mm und bitte sehr vorsichtig bohren. Sie zerbrechen leicht. Da Bimssteine nicht unbedingt schön aussehen, eignen sie sich gut zum Anmalen.

Für die folgende Halskette werden die Bimssteine mit rosa Farbe angemalt. Außerdem werden lilametalligfarbene kleine Perlen sowie große Glasperlen mit rosaschwarzen Einlagerungen verwendet.

Material.

Natürlich brauchen Sie auch einen Schmuckdraht der Stärke 0,4 mm zum Auffädeln und einen Kettenverschluss.

Fertige Halskette.

Diesmal werden die Bimssteine mit Mayagold zweimal angemalt. Die erste Farbschicht gut trocknen lassen, bevor Sie die zweite Farbschicht auftragen. Die zweite Schicht lassen Sie nur leicht antrocknen, dann ziehen Sie sich am besten Einmalhandschuhe an und drehen die Bimssteine zwischen den Handflächen. Dadurch kommt der Schimmereffekt des Mayagoldes viel schöner zur Geltung.

Bimssteine mit Mayagold in zwei Farbschichten.

Da die Bimssteine so leicht sind, werden sie bei dieser Halskette mit Halbedelsteinen kombiniert.

Fertige Kette. Die Halbedelsteine verstärken den Glitzereffekt noch.

Das nächste Fundstück ist ein großer Bimsstein mit Einkerbungen. Verwenden Sie dafür einen Schmuckdraht der Stärke 0,4 mm, kleine Perlen aus Granat und rosafarbene Perlen. Der Schmuckdraht wird durch die Einkerbungen gezogen. Bei jeder größeren Vertiefung im Bimsstein wird eine Perle auf dem Schmuckdraht gefädelt und in die Vertiefung hineingesetzt. Am Schluss werden die beiden Enden des Schmuckdrahtes im oberen Bereich des Bimssteines mit einer Quetschperle verschlossen, eine zweite silberne Perle aufgefädelt und wieder mit einer Quetschperle fixiert. So entsteht eine Schlaufe, mit der der Bimsstein an der Halskette befestigt werden kann.

138

Fertige Halskette.

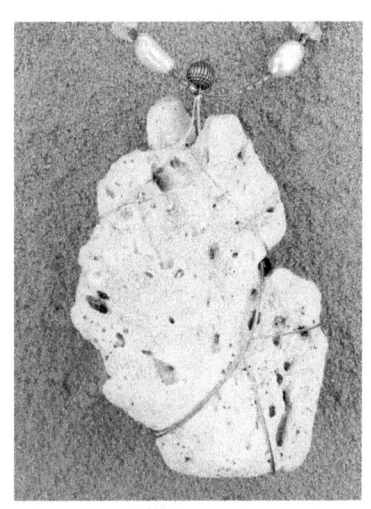

Rückseite des Bimsstein-Anhängers.

Steine und Halbedelsteine

Wie wird aus einem Stein etwas Besonderes?
Durch Farbe! Dazu benötigen Sie z. B. einen einfachen Stein vom Wegesrand,
Effektfarbe, eine besondere Perle und Schmuckdraht der Stärke 1 mm.

Granitstein.

Effektfarbe von Pebeo Moon Apricot und
der angemalte Granitstein.

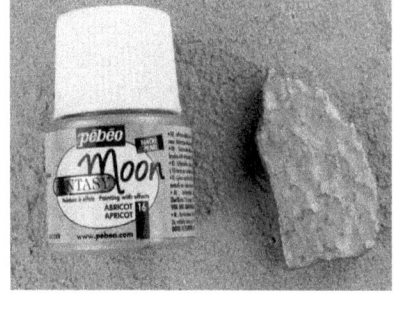

Hier habe ich nur die Frontseite des
Steines angemalt, da ich Farbe sparen
wollte.
Den Stein mit Schmuckdraht der
Stärke 1 mm umwickeln. Erst wieder
eine Schlinge drehen, den Granitstein hineinsetzen und mit dem Schmuckdraht so lange umwickeln, bis die Wicklung stabil aussieht. Da der Schmuckdraht der Stärke 1 mm sehr stabil ist, brauchen Sie nur eine Schlinge biegen
und den Granitstein hineinsetzen. Das eine Drahtende wird nach vorn gebogen, eine kleine Perle aufgefädelt, und dann das Drahtende so verdreht, dass
die Perle nicht mehr herunterrutschen kann.
Mit dem zweiten Drahtende gehen Sie auf der Rückseite des Steines nach oben,
drehen eine kleine Öse, gehen auf der Rückseite wieder nach unten und dann

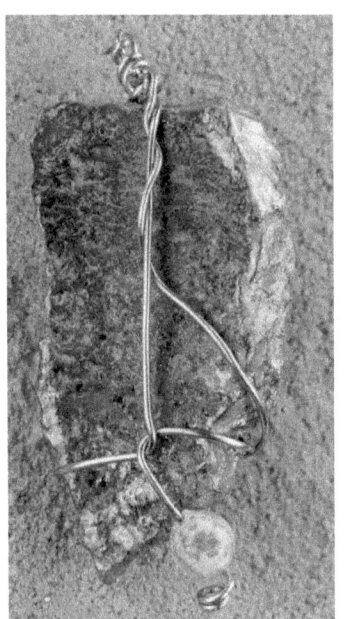

auf die Vorderseite des Steines. Hier wird
der Draht einmal durch die vorhandene
Drahtschlinge von unten nach oben
durchgezogen, die Herzperle aufgefädelt
und auf der Vorderseite weiter nach oben
gegangen. Dort wird der Draht nochmals
um die vorhandene Drahtöse gedreht und
dann abgeschnitten.

Die Rückseite des Steins mit dem umwickelten
Schmuckdraht.

Fertiger Anhänger. Das Ende des Schmuckdrahtes ist zu einer Öse gedreht.

Um herauszufinden, wie viel Draht Sie für die Umwicklung eines Stein benötigen, nehmen Sie einen Faden und umwickeln den Stein so oft mit dem Faden, wie er später mit dem Draht umwickelt werden soll. Danach legen Sie den Faden auf die Arbeitsfläche und ziehen ihn gerade. Die Länge des Fadens ist gleich die Länge des Drahtes. So verbrauchen Sie nicht umsonst zu viel Schmuckdraht.

Der Stein aus Katzensilber ist mit Schmuckdraht umwickelt, sodass es von vorn aussieht, als ob das Herz den Stein zusammenhält.

141

Nicht jeder Stein braucht Farbe oder Lack. Manchmal spricht sein Aussehen allein für ihn. Der Stein aus Katzensilber glitzert von allein. Eine schöne Perle in Herzform genügt, um einen besonderen Anhänger zu gestalten. Leider hat der Stein kaum Einkerbungen. Daher musste der Schmuckdraht mehrfach um den Stein gewickelt und in sich nochmals verwickelt werden.

Bei einer Wanderung durch die Alpen, der Strand war leider weit weg, lag ein wunderschöner Kristall auf dem Boden. Mein Sammlerherz schlug höher, und natürlich konnte ich nicht widerstehen und nahm den Bergkristall mit nach Hause. Diese Halskette war eines meiner ersten Schmuckstücke, bei dem ich das Fundstück mit Draht umwickelte. Der hier verwendete Schmuckdraht ist kupferfarben und eigentlich zu dünn (Stärke 0,3 mm). Daher habe ich den Draht mehrfach um den Bergkristall gewickelt. Für die Halskette kommen noch Rosenquarzstückchen und goldfarbene Perlen und einige Granatperlen hinzu.

Hier habe ich den kleinen Fehler begangen, nicht auf den kompletten Schmuckdraht Perlen aufzufädeln, da ich mir dachte, man sieht die Perlen nicht hinten am Hals. Allerdings habe ich leider inzwischen bereits einige Knicke im Schmuckdraht, und das sieht nicht so schön aus.

Fertiges Schmuckstück.

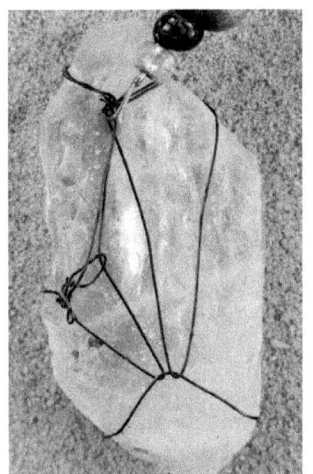

Detailansicht der Drahtumwicklung.

Manchmal Haben Sie Glück, einen Stein zu finden, der wie ein Herz aussieht. Diesen Stein können Sie ja nicht liegen lassen oder? Das Steinherz wird mit einem Teil des Lederbandes auf der einen Herzseite von hinten nach vorn umwickelt. Dann wird es in der Herzgrube einmal um den anderen Teil des Lederbandes gewickelt. Auf der anderen Herzseite wird es nach hinten unten und nach vorn zurück zur Herzgrube geführt. In der Herzgrube wird es verknotet und eine blaue Glasperle auf das Lederband aufgefädelt. Fertig ist das neue Schmuckstück.

Steinherz, das als fertiges Schmuckstück auf dem Brustbein liegt.

Auf manchen vulkanischen Inseln finden sich Halbedelsteine am Strand, so z. B. auf den kanarischen Inseln. Wenn Sie Glück haben, sind es nicht nur winzige Steinchen, sondern auch etwas größere Objekte, die sich gut für einen Anhänger eignen.

Für die Halbedelsteinhalskette wird der Amethyst mit Schmuckdraht der Stärke 0,8 mm umwickelt. Aus dem einen Drahtende wird eine Öse gedreht, der Draht dann vorn nach unten geführt, die Perle aufgefädelt, dann nach hinten auf die Rückseite des Steins und einmal um das untere Teil der Öse gewickelt. Nun wird der Draht auf die linke Seite (von Ihnen ausgesehen) geführt nach hinten unten, einmal durch die erste Drahtschlinge gezogen und vorn auf der rechten Seite (von Ihnen links) wieder nach oben gezogen.

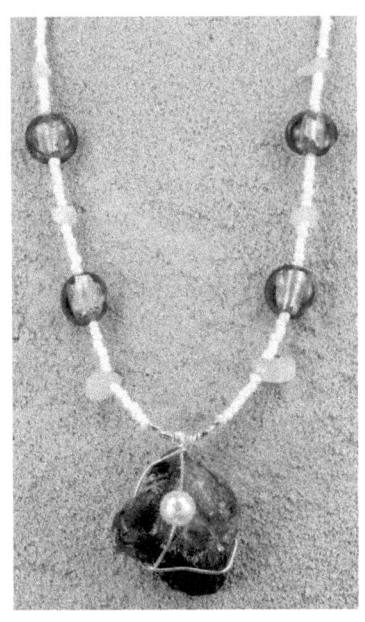

Amethyst-Anhänger mit Schmuckdraht der Stärke 0,8 mm umwickelt.

Dort wird der Schmuckdraht wieder unterhalb der Öse darum gewickelt, eine zweite Öse gedreht und gekürzt. Damit hat die Halskette eine doppelte Aufhängung.

Mittig in der Vertiefung sitzt eine rosa Perle, um die Farbe des Kristalls zu betonen. Für die Kette kamen Rosenquarzkristalle, lila Glasperlen und kleine weiße Perlen hinzu.

Rückseite des Anhängers.

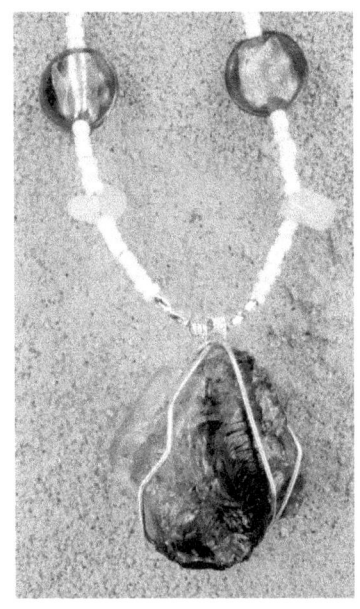

Beim nächsten Schmuckstück wird ebenfalls Schmuckdraht der Stärke 0,8 mm verwendet. Durch die Form des Rosenquarzes war die Wicklung recht einfach möglich. Die Spitze des Kristalls wird als erstes umwickelt, der Schmuckdraht dann auf der Rückseite gekreuzt und wieder nach vorn gebogen, dort nochmals gekreuzt und auf der Rückseite oben am Kristall zu einer Öse verdreht.

144

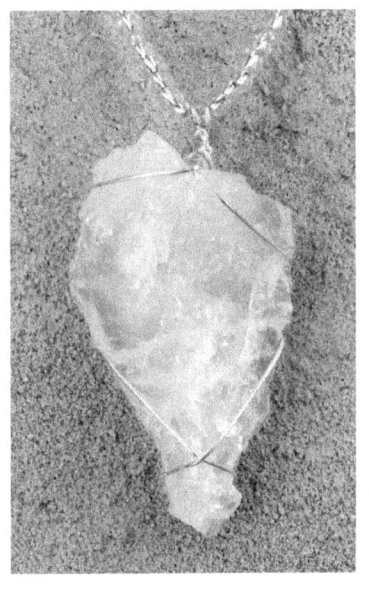

Vorderseite.

Rückseite.

*Mineralstein kombiniert mit Rosenquarz-
und Aquamarinkristallperlen, Stärke des
Schmuckdrahtes 0,8 mm.*

Ein Stein an sich kann schon so ausgefallen
sein, dass Sie einfach eine Halskette daraus
machen müssen. Aber etwas fehlt manchmal
noch. Dann können Sie den Stein mit kleinen Edelsteinkristallen oder Perlen verzieren.
Der Mineralstein links wird mehrfach mit
Schmuckdraht der Stärke 0,8 mm umwickelt. Da er an der einen Seite eine natürliche Rinne hat, können Sie hier den Draht

145

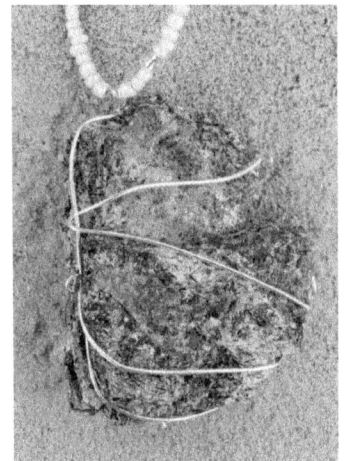

so wickeln, dass von vorn kaum Schmuckdraht zu sehen ist. Nutzen Sie die vor-
kommenden Einkerbungen und Rinnen,
wenn Sie einen Stein oder eine Glasscherbe
umwickeln. Es lohnt sich. Durch die aufgefädelten Kristalle wird der Schmuckdraht kaschiert und der Mineralstein noch
aufgewertet.

Der Schmuckdraht ist von oben seitlich am
Stein nach unten geführt und dann kreis-
förmig um den Stein gewickelt bis nach
oben. Dort wird aus beiden Drahtenden
eine Öse gedreht.

*Der Mineralstein von der
Seite. Hier erkennen Sie
den Verlauf des Schmuck-
drahtes am besten.*

Ein Freund schenkte mir einen schönen Stein, der golden glitzerte. Er war zu
schade für die Schublade oder für das Regal, wo er nur einstauben würde.
Daher habe ich ihn mit goldenem Schmuckdraht der Stärke 0,8 mm umwickelt. Erst wird eine Schlinge gewickelt und der Stein mit der Spitze hineingesetzt. Das eine Drahtende wird abgeschnitten. Das zweite Drahtende ziehen
Sie auf der Rückseite nach oben, umwickeln mehrfach die obere Spitze, ziehen
den Draht auf der Rückseite auch immer mal wieder um sich selbst und formen am Ende eine Öse. Fertig ist der Anhänger.

146

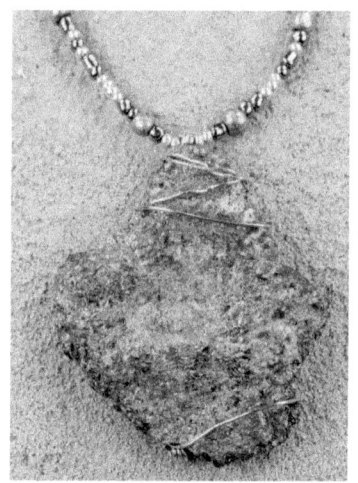

Mineralschmuckstück aus Chalkopyrit und Magnetit, Vorder- und Rückseite.

Natürlich können Sie mit dem Schmuckdraht nicht nur einfach die Steine umwickeln, sondern auch Formen drehen, die den Stein gleichzeitig noch verzieren.

Bei den drei folgenden Schmuckstucken wird Schmuckdraht der Stärke 0,6 mm extra in geometrische Wellen- und Kreisformen gebogen, diese auf die Vorderseite des Steines gelegt, mit den Fingern fixiert und der Schmuckdraht dann auf die Rückseite gezogen. Nun wird der Draht von hinten durch eine Welle oder einen Kreis wieder nach vorn gezogen, umgebogen und wieder zur Rückseite geführt. Von dort ziehen Sie den Schmuckdraht auf der anderen Seite des Steines nach vorn, gehen wieder durch eine Welle oder einen Kreis, biegen den Draht um und gehen wieder nach hinten.

Dieses Vorgehen wiederholen Sie nun so lange, bis Sie oben am Stein angekommen sind. Dort wird aus den beiden Drahtenden eine Öse gedreht (Fertig! Manchmal auch mit den Nerven, wenn ständig der Draht verrutscht, der Stein herausfällt, das Ganze nicht halten will ... Üben Sie sich in Geduld, schließlich haben Sie Urlaub).

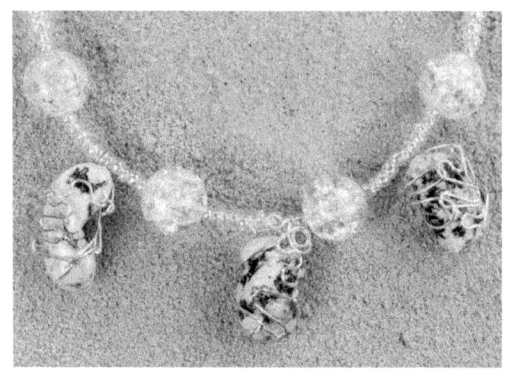

Rosaschwarze Steine vom Strand.

Trocken sahen sie nicht ganz so schön aus wie frisch aus dem Wasser. Daher habe ich sie mit klarem Nagellack angemalt.

Diese fünf Steine sind zwischen 2 bis 4,5 cm groß. Durch den wellenförmigen Schmuckdraht kommen sie noch besser zur Geltung.

Einfache Kieselsteine aus dem Yukon, Alaska. Sie wurden mit Glitzernagellack angemalt und mit Schmuckdraht umwickelt. Eine Halskette der besonderen Art.

Viel Erfolg beim Steine umwickeln.

Mit Federn

Ich finde immer mal wieder schöne Federn am Strand und nehme sie gern mit nach Hause. Sie auch oder?

Achtung: Aus seuchentechnischen Gründen bitte keine Vogelfedern in Gebieten mit Vogelgrippe sammeln! Auch Federn unterliegen den artenschutzrechtlichen Bestimmungen. Federn von geschützten Vögeln, wie z. B. Papageien, Eulen und Greifvögeln fallen darunter. Wenn Sie also im Ausland Federn sammeln wollen, schauen Sie bitte unter: www.artenschutz-online.de nach, ob Sie diese sammeln und mitnehmen dürfen.

Legen Sie die Federn in eine schöne Kiste oder Schatulle und dekorieren damit ihre Regale, aber was tun, wenn es sehr viele Federn werden?

Drahtschachtel zur Aufbewahrung der Federn.

Auf die Idee, aus Federn Schmuck zu gestalten, kam ich in Namibia in der Walfischbucht. In dieser schönen Bucht gibt es kaum Muscheln, dafür aber über 50.000 Flamingos und einen Strand voller Flamingofedern. Also sammelte ich sie und überlegte mir, was ich damit machen könnte. Aus meinem Studium der Tiermedizin weiß ich, dass in Federn diverse Milben leben können und legte daher die gesammelten Federn erst einmal in eine Seife-Salz-Mischung, bevor ich mit den ersten Versuchen startete.

Aufbereitung der Federn zur Schmuckherstellung

Legen Sie alle Federn in eine Schüssel mit heißem Seifenwasser und Salz. Auf einen Liter Wasser bitte zwei Esslöffel Salz geben. Durch die Seife und das Salz werden eventuell vorhandene Vogel- und Federmilben abgetötet und gleichzeitig der Schmutz an den Federn entfernt.

Federn in der Seife-Salz-Wassermischung.

Achten Sie bitte darauf, dass alle Federteile mit dieser Mischung bedeckt sind. Drücken Sie eventuell hochstehende Federkiele in die Seife-Salz-Mischung. Das Ganze eine Stunde stehen lassen. Danach die Lösung abgießen und mit klarem, lauwarmem Wasser nachspülen. Jede Feder einzeln herausholen und unter fließendem Wasser abspülen. Danach vom Federkiel bis zur Federspitze das Wasser abstreifen und eventuell noch vorhandenen Schmutz entfernen.

Frisch aus dem Wasser sehen sie nicht unbedingt schön aus.

Getrocknete Federn, jetzt sind sie wieder plüschig.

Lassen Sie die Federn auf einem Geschirr- oder Küchentuch ein bis zwei Tage trocknen. Bei der Trocknung werden die Federn wieder richtig plüschig. Schon nach einem Tag der Trocknung sehen sie wieder schön aus. Nun können Sie damit Schmuck herstellen.

Federnschmuck

Natürlich laufen an den wenigsten Stränden Flamingos herum, die sich in der Mauser (Mauser: natürlicher Federwechsel) befinden. Aber Sie finden sicherlich auch andere schöne Federn, mit denen Sie arbeiten können oder Sie kennen jemanden, der Hühner, Enten oder anderes Federvieh hält, bei dem Sie Federn sammeln dürfen.

Für Halsketten aus Federn benötigen Sie viele Quetschperlen, da entweder jede Feder einzeln oder mehrere zusammen am Schmuckdraht befestigt werden. Probieren Sie bitte erst mit einer nicht so schönen Feder, wie viel Druck Sie benötigen, um den Federkiel mit der Quetschperle am Schmuckdraht zu befestigen, ohne dass der Federkiel durch die Quetschperle zerdrückt wird und dadurch die Feder abfällt. Verwenden Sie zu wenig Druck, fällt die Feder einfach aus der Quetschperle heraus. Das wollen Sie ja auch nicht.

Wird der Schmuckdraht nicht längs um 180 Grad gedreht, sieht die Halskette so aus (Probestück). Die Quetschperlen liegen alle unten und piksen. Daraus lässt sich dann eher eine Brosche machen.

Bei der folgenden Halskette werden erst einige weiße Perlen aufgefädelt, dann die erste Feder mit einer Quetschperle befestigt und in 3–4 mm Abstand die 2. Feder. Danach wird die Kette längs um 180 Grad gedreht.

Die 3. Feder bedeckt die ersten beiden sichtbaren Quetschperlen, bevor sie selbst mit einer Quetschperle befestigt wird. Immer nur 2–3 Federn auf einer Seite des Schmuckdrahtes befestigen, bevor Sie die Halskette wenden und die nächsten Federn befestigen. Wenden Sie die Halskette nicht, so befinden sich die Quetschperlen alle auf einer Seite und irritieren später die Haut. Durch die Wendung der Halskette liegen auf beiden Seiten Federn und das fühlt sich super weich an.

Das Probestück von vorn.

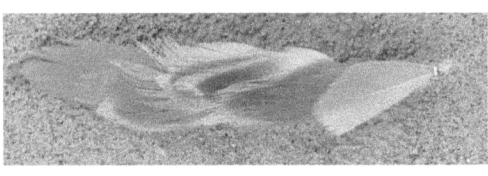

Nur die Vorderseite weist die schöne Federstruktur auf. Dieses Schmuckstück wird mit der Rückseite auf eine Anstecknadel geklebt. Auf die sichtbare Quetschperle wird noch eine kleine Feder geklebt. Fertig ist der Anstecker.

Bei der Halskette fangen Sie oben rechts mit der ersten Feder an. Mittig setzen Sie die Perle und ändern dann die Richtung der Federn. Das ist insofern schwierig, weil die Quetschperlen unter die vorhandene Feder geschoben werden müssen, bevor Sie die nächste Feder befestigen. Dadurch liegen die Federn auf der linken Seite anders an als auf der rechten.

Zum Verständnis: Auf der rechten Seite der Kette sind die Federn wie einzelne Papierblätter aufeinandergelegt. Auf der linken werden sie wie ein Papierblatt unter das andere geschoben.

Für eine Halskette, bei der auf beiden Seiten die Federn schön gleichmäßig liegen, verwenden Sie einfach zwei Schmuckdrähte. Diese sind oben mit dem Kettenverschluss verbunden. Am Ende des Auffädelns ziehen Sie beide Schmuckdrähte durch eine Perle und können sie mit einer Quetschperle abschließen.

152

Bei dieser Halskette werden beide Schmuckdrähte etwas länger gelassen und nochmals kleine weiße Perlen aufgezogen, nachdem die beiden Drähte durch die erste große Perle gefädelt wurden. Am Ende eines jeden Schmuckdrahtes wird jeweils eine große Perle und eine Quetschperle aufgefädelt. Die Quetschperle wird zusammengedrückt und damit ist die Halskette fertig.

Fertige Kette.

Bei den oberen Beispielen sind die Federn immer mit ihrer natürlichen Rundung nach innen gelegt und befestigt. Sie können die Federn mit ihrer natürlichen Wölbung auch nach außen befestigen. Dadurch wirken sie eher wie eine Federboa.

Für die nächste Halskette benötigen Sie viele kleine Federn, große und kleine Glasperlen, einen Kettenverschluss und viele Quetschperlen.

Bei dieser Halskette habe ich drei kleine Federn mit einer silbernen Quetschperle am Schmuckdraht befestigt.

Links kleine Glasperlen, mittig große Glasperlen und rechts Quetschperlen in unterschiedlichen Farben.

153

Bitte die Quetschperle vorsichtig zusammendrücken, und dann eine Glasperle über die herausstehenden Federkiele schieben. Eventuell noch herausstehende größere Federkiele werden mit einer Nagelschere abgeschnitten. Kleine weiche Federkiele dagegen schieben Sie in die nachfolgenden drei kleinen Glasperlen. Dann kommt die nächste silberne Quetschperle mit drei Federn. So arbeiten Sie sich Federschicht für Federschicht vor.

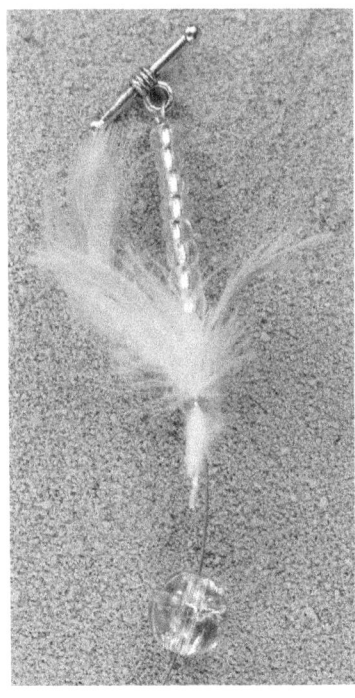

Drei Federn in die Quetschperle schieben, sodass die Quetschperle die Federkiele bedeckt oder sie etwas daraus hervorstehen.

Die große Glasperle über der zusammengedrückten Quetschperle und den herausschauenden Federkielen schieben.

So bestücken Sie zwei Schmuckdrähte Federnschicht um Federnschicht, bis Sie die gewünschte Länge erreicht haben. Die Enden der Schmuckdrähte wer-

Die zwei einzelnen Halskettenstränge werden mit der mittig liegenden Glasperle verbunden.

den wieder durch eine große Glasperle gezogen. Einige kleine Glasperlen und eine große Glasperle auf das rechte Drahtende aufziehen und mit einer Quetschperle verschließen. Fertig.

Am linken Schmuckdraht wird das offene Ende noch mit Klebeband umwickelt, um das Abrutschen der aufgefädelten Perlen zu verhindern. Nun entfernen Sie das Klebeband vom linken Schmuckdraht und führen beide Drahtenden durch die Glasperle. Danach fädeln Sie auf das linke Drahtende z. B. drei kleine und eine große und auf das rechte fünf kleine und eine große Glasperle auf. Die beiden Drahtenden werden mit einer Quetschperle abgeschlossen.

Detailansicht.

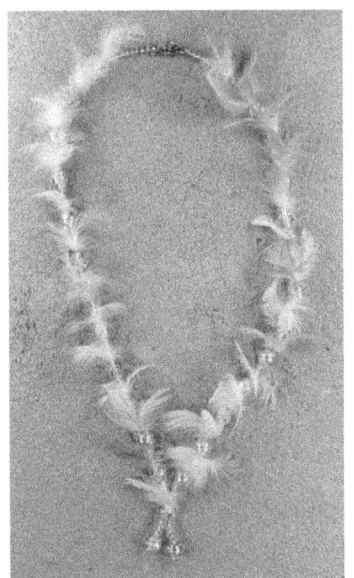

Fertiges Schmuckstück.

Durch die große mittlere Perle sind die beiden losen Schmuckdrahtenden zu einer Halskette verbunden.

Detailansicht.

Haarreif aus Federn

Für einen Federhaarreif brauchen Sie einen mit Stoff überzogenen Haarreif, Nähgarn in der Farbe der Federn, eine Nähnadel, eine Schere und viele Federn in unterschiedlichen Größen.

Bestandteile.

An einem Ende des Haarreifs fangen Sie an, legen die Federkiele auf den Haarreif und nähen sie auf dem Stoff des Haarreifs fest. Wird die gesamte Feder nicht gerade, sondern schräg auf dem Haarreifende aufgenäht, steht sie am Ende etwas nach außen ab und kommt so besser auf dem Haar zu liegen.
Nun wird Feder für Feder auf dem Haarreif festgenäht. Zwischen den einzelnen Federschichten lassen Sie ca. 0,3 bis 1 cm auf dem Haarreif federfrei, je nach Größe der Feder, bevor Sie die nächste Feder festnähen. In der Mitte des Haarreifs schieben Sie einige Federn nach rechts und links unter die schon festgenähten Federn und auch zwei bis vier Federn quer zum Haarreif und nähen sie fest.

Innenseite des Haarreifs:
Hier sieht man gut den
Faden, mit dem die Federn
festgenäht werden.

157

Fertiger Haarreif aus braunen Hühnerfedern (von Bentheimerhühnern).

Detailansicht, wie die Federn übereinander gelagert und festgenäht sind.

Haarreif aus weißen Entenfedern.

Am rechten Ende des Haarreifs werden hier noch einige lange Federn zu einem Federpinsel zusammengebunden und am Ende des Haarreif so angenäht, dass sie sich frei als Federpinsel bewegen können.

Vergolden und Versilbern

Manches Schmuckstück wirkt glanzlos und unscheinbar. Das kann man mit etwas Gold- oder Silberfarbe ändern.

Goldfarben

Sie können verschiedene Goldtöne als Streich- oder Sprühlacke verwenden und auf unterschiedlichen Schmuckstücken ausprobieren. Am besten die Farbe immer erst an einem beschädigten Stück ausprobieren.
Ob Sie Sprühlack, Nagellack oder Acryl-Metallicfarbe verwenden, um Ihre Schmuckstücke zu vergolden, hängt von Ihrem Geschmack ab.

Verschiedene goldfarbene Lacke.

Obere Reihe: Acryl-Metallicfarbe Gold, Nagellack Gold, Acryl-Metallicfarbe Gold matt. Untere Reihe: Autolack Gold, mittig die ursprüngliche Lagunen-Herzmuschel, vergoldete Muschelschale mit Blattgold.

Eigentlich wollte ich hier nur die verschiedenen Goldfarben darstellen, aber die schönen Muschelschalen wegwerfen? Nein, das kam nicht in Frage. So entstand die folgende Halskette. Die Muscheln werden rechts und links des Muschelwirbels mit einem Bohrer der Stärke 0,9 mm durchbohrt. Es wird ein Schmuckdraht der Stärke 0,8 mm verwendet. Eine fehlende Muschelschale wird noch mit Kupferfarbe bemalt. Die mit Blattgold vergoldete Muschel kommt in die Mitte. Zwischen jeder Muschelschale und der großen Glasperle befinden sich je drei kupferfarbene kleine Perlen.

Fertige Kette.

160

Die großen Glasperlen sind einseitig golden und auf der anderen Seite durchsichtig. Dadurch hat die Halskette ein gutes Gewicht und schmiegt sich hervorragend an.

Manches Objekt wirkt schon sehr schön, wenn es nur einen Hauch von Goldfarbe abbekommt oder man lässt absichtlich eine Stelle oder eine Seite frei.

Muschel vor dem Vergolden.

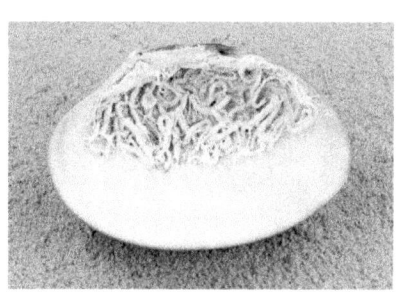

Die inneren Strukturen der Muschel sind so fein, dass ich hier Autosprühlack in Gold verwendet habe. Vorher wird noch ein Loch in die dicke, obere Muschelwand gebohrt für den Schmuckdraht mit Perle.

Beim Aufsprühen von Lackfarben bitte nicht zu nahe an das zu besprühende Objekt herangehen, sonst kommt zu viel Farbe darauf, und es bilden sich sogenannte Nasen (verlaufende Farbspuren). Das sieht nicht unbedingt schön aus. Probieren Sie das Aufsprühen erst an einer alten Konservendose oder einer kaputten Muschel. Es wäre schade, wenn der Lack zu dick wird und Sie am Ende Ihr Schmuckstück wegwerfen müssten.

Für diese Muschelschale wird Goldlackfarbe für Autos verwendet. Der Lack lässt sich sehr gut aufsprühen und trocknet schnell. Damit wird die nachfolgende Muschelschale besprüht und später auch eine Baumflechte.

Goldeffektfarbe für Autos von der Firma Belton.

161

Fertig lackierte Muschel. Sie wird nach dem Trocknen der Innenseite auch von außen lackiert.

Nach dem Trocknen wird der Schmuckdraht mit Perle durch das vorgebohrte Loch gesteckt. Wie Sie am besten die Perle auf den Schmuckdraht auffädeln, finden Sie im Kapitel *Perlen in der Muschel*, S. 60.

Detailansicht.

Es gibt verschiedene Goldfarben im Hobby- oder Bastelgeschäft, je nach Qualität der verwendeten Goldpigmente kann der vergoldete Gegenstand mehr oder weniger glänzen. Probieren Sie einfach einige aus, bis Sie Ihre Lieblingsfarbe gefunden haben.

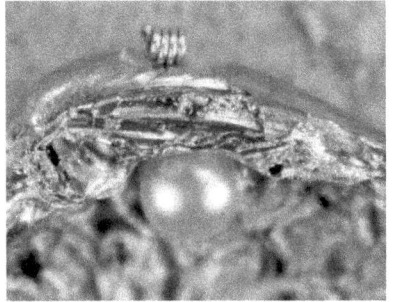

Aus dem Schmuckdraht wird eine Öse gedreht und schon kann die Muschel als Anhänger verwendet werden.

Ausgefallenes Geschenk gewünscht?

Dann vergolden Sie doch eine Baumflechte mit Goldfarbe. Schon habe Sie ein wunderschönes Dekorationsobjekt für eine Geschenkschachtel (siehe Kapitel *Mit Samen und Holz*, S. 123).
Oder Sie kleben die vergoldete Flechte auf eine Haarspange oder eine Ansteckndadel. Allerdings müssen Sie sehr vorsichtig mit den Schmuckstücken umgehen, da Baumflechten so zerbrechlich sind. Aber die Vorsicht lohnt sich.

Getrocknete Baumflechte.

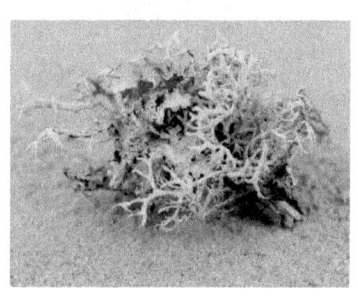

Die Baumflechte ist etwas schwierig einzusprühen, da sie so leicht ist und durch den Sprühdruck auch davonfliegen kann. Am besten Einmalhandschuhe tragen beim Einsprühen, damit Sie sie gegebenenfalls auffangen können.

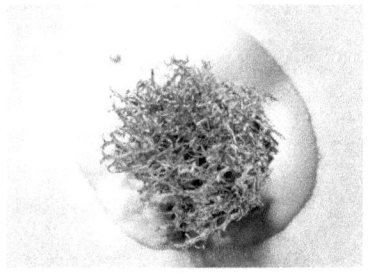

Nach dem Sprühen.

Diese Baumflechte können Sie z. B. direkt mit viel Kleber auf einer Haarspange befestigen.

Getrocknete goldene Baumflechte.

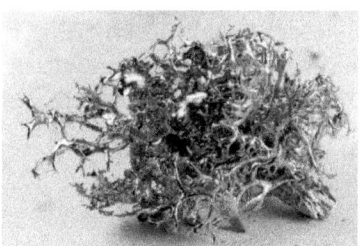

Alte Haarspange mit Baumflechte.

Sobald der Kleber trocken ist wird die komplette Haarspange mit Goldfarbe von der Firma Belton eingesprüht. Garantiert ein einzigartiges Geschenk.

Fertige extravagante Baumflechtenhaarspange.

Alter Schuh?

Wie viele Schuhe haben Sie im Schrank, die alt und nicht mehr ansehnlich sind? Ich hatte zwei Paar. Zum Wegwerfen waren sie mir aber noch zu gut. Wir sollen ja nachhaltig denken.

Beim ersten Paar waren Löcher an der Schuhspitze.

164

Neues Designerschuhpaar mit
neuen Schnürsenkeln.

Aus alt mach einfach neu. Vorgehen:
Die Schnürsenkel entfernen, Schuhe von
allen Seiten mit Autogoldlack der Firma
Belton einsprühen und trocknen lassen.
Danach einfach ein paar Perlen und einige Muscheln (mit natürlichen Löchern
oder gebohrten Löchern) auf den Stoff
der Schuhspitze festnähen. Dazu etwas
festeres Nähgarn verwenden.

Sandalen mit abgeklebten
Schnürsenkelhalterungen.

Fertige Sandalen. Der Sommer
kann kommen.

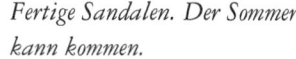

Beim zweiten Paar handelte es sich um
meine Lieblingssandalen. Sie sind schon
über 20 Jahre alt. Ich hatte sie mir im Urlaub gekauft, weil ich Wasserblasen an den
Fersen hatte. Die Sandalen waren einfach
nicht mehr ansehnlich, aber die Schuhsoh-
len immer noch gut. An der Seite war der
Stoff schon etwas gerissen. Diese Stellen
habe ich mit Nähgarn wieder gestopft. Die
Schnürsenkel habe ich entfernt, die Halte-
rungen für die Schnürsenkel mit Klebeband
umwickelt und danach den ganzen Schuh
mit Belton Autogoldlack eingesprüht.

Nachdem die Farbe auf den Sandalen getrocknet war, habe ich noch die Muschelschalen auf den Stoff genäht. Die kleinen Muschelschalen mit gebohrten Löchern sind genau dort festgenäht, wo der Stoff von mir ausgebessert wurde.

Schnecken vergolden

Aus Napfschnecken lassen sich sehr schöne Halsketten herstellen, wie Sie schon unter *Napfschnecken*, S. 106 gesehen haben. Einige Napfschneckenhäuser sind aber nicht so ansehnlich. Diese können Sie gut vergolden.

Napfschnecken in unterschiedlichen Größen und Farben. Zum Vergolden eignen sich besonders Napfschnecken wie die oben rechts und unten in der Mitte.

Für die Halskette werden sieben Napfschnecken mittig durchbohrt und dann von innen und außen mit Acryl-Metallicfarbe Gold vergoldet.

Napfschnecken mit Goldfarbe innen und außen bemalt. Goldglasperlen aus Murano schmücken die Innenseite der Napfschnecken.

Bei dieser Halskette habe ich die ersten Versuche gestartet und mit zu dünnem Draht Ösen gedreht. Da die Ösendrähte nicht die gleiche Länge haben, liegen die Napfschnecken später als Halskette oft in unterschiedliche Richtungen.

Um das zu vermeiden, habe ich die Kette nach fünf Jahren wieder neu aufgefädelt und dabei jede einzelne Glasperle mit einer neuen Öse aus Schmuckdraht der Stärke 1 mm befestigt.

Erster schiefgegangener Versuch mit zu dünnem Draht.

Aus alt mach neu

Nehmen Sie ein feuchtes Handtuch oder Küchentuch, falten Sie mittig eine Rinne und legen Sie die Halskette hinein. Schneiden Sie nun die Quetschperlen am Verschluss ab und ziehen Sie den Schmuckdraht vorsichtig aus der Kette. Dabei am besten die Rinne im feuchten Küchentuch enger um die losen Bestandteile der Halskette drücken.

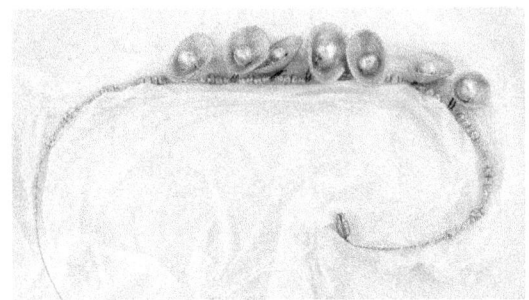

Die alte Halskette liegt in der Rinne.

Die Bestandteile der alten Kette liegen in der richtigen Reihenfolge in der Rinne.

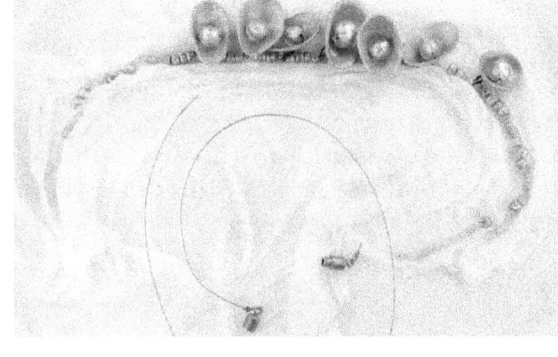

Ist der alte Schmuckdraht aus der alten Halskette entfernt, können Sie die einzelnen Bestandteile einfach wieder auffädeln oder Sie ersetzen Perlen, bei denen die Farbe abgeplatzt ist, oder setzen zusätzliche Perlen ein, um die Halskette zu verlängern. Hier bekamen die vergoldeten Napfschnecken neue Ösen aus 1 mm dickem Schmuckdraht. Zum Teil habe ich die alten abgeblätterten Goldperlen durch neue ersetzt.

Nun liegen die Napfschnecken durch die besseren Ösen später als Halskette gleichmäßig am Hals an.

Obstkerne vergolden

Nektarinenkerne.

Die Obstkerne müssen schön trocken sein, sonst hält die Farbe nicht auf dem Kern. Reste von Fruchtfleisch sollten nicht mehr vorhanden sein. Am besten die Obstkerne zuvor mit einer Handbürste kraftvoll abschrubben oder vorher in Salzwasser kochen. (Bitte mindestens 10 Minuten, siehe auch Kapitel *Andere Samen und Fruchtkerne,* S. 129.) Diese Obstkerne sind mit Arcyl-Metallicfarbe bemalt.

Aus unscheinbaren Obstkernen werden schöne Schmuckobjekte.

Die Obstkerne am besten vor dem Auftragen von Farbe im oberen Drittel von der Seite her durchbohren. Durch die Bohrung im oberen Drittel liegt der Kern am Ende auf der Haut auf und kippt nicht nach oben oder unten. Werden sie mittig durchbohrt, liegen sie am Ende nicht gleichmäßig auf der Haut.

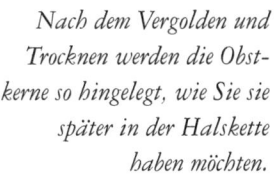

Nach dem Vergolden und Trocknen werden die Obstkerne so hingelegt, wie Sie sie später in der Halskette haben möchten.

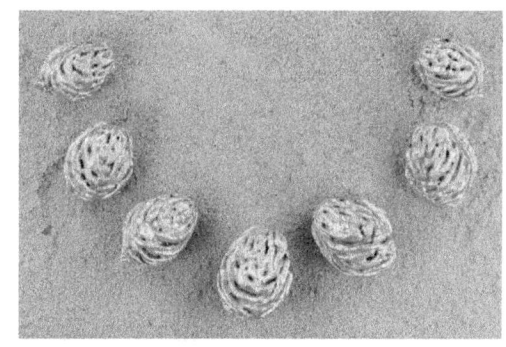

Deshalb immer im oberen Drittel mit einem Bohrer Stärke 0,4 bis 0,8 mm, je nach Größe und Schwere der Obstkerne, bohren. Dabei darauf achten, dass auch in den Vertiefungen der Kerne genügend Farbe ist.

Bei diesen Nektarinenkernen habe ich einen Bohrer der Stärke 0,6 mm und den passenden Schmuckdraht in der gleichen Stärke verwendet. Um die Struktur der Kerne zu betonen, habe ich unauffällige Perlen genutzt, die aber gleichzeitig die Farbe des gesamten Schmuckstücks wiedergeben.

Fertige Halskette mit kleinen goldgelben Perlen.

Ein Freund hatte mir mandschurische Walnüsse aus seinem Urlaub mitgebracht. Er wusste, dass ich auf ausgefallene Geschenke stehe.

Mandschurische Walnüsse.

Fertige Halskette mit Glasperlen, die in der Mitte Goldstückchen enthalten und kleinen goldenen Perlen.

Die Nüsse werden erst im oberen Drittel in der Naht, dort wo die beiden Nusshälften verbunden sind, durchbohrt und dann mit Belton Autogoldlack eingesprüht. Nach dem Trocknen werden sie aufgefädelt.

Vergolden mit Blattgold

Wenn Sie Muscheln, Schneckenhäuser, Steine oder Holz vergolden möchten, benötigen Sie Blattgold, zwei bis drei unterschiedlich große Pinsel und Anlegemilch.

Pinsel, Anlegemilch, weiße Napfschnecke und Blattgold.

Die Napfschnecken erst durchbohren, dann vergolden. Wäre schade, wenn durch die Bohrung das Gold abblättert. Die Napfschnecke wird dann von außen mit Anlegemilch bestrichen. Sie muss 10 bis 15 Minuten trocknen, sonst hält später das Blattgold nicht. Bitte genau der Anleitung auf der Anlegemilchpackung folgen. Das Blattgold in 1 x 1 oder 1 x 2 cm große Stückchen schneiden, auf das zu vergoldende Objekt auflegen und dann mit dem Pinsel festdrücken.

Die fünf Napfschnecken sollen vergoldet und später zu einer Halskette verarbeitet werden.

Napfschnecke zur Hälfte mit Blattgold belegt.

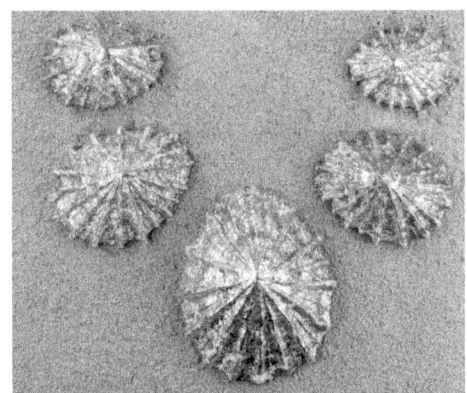

Napfschnecken zum Teil vergoldet.

Die Napfschnecken sind nicht komplett vergoldet, da sie mir so besser gefielen. Die Halskette sieht mit dem „abgeblätterten" Gold antik aus.

Fertige Halskette von vorn.

172

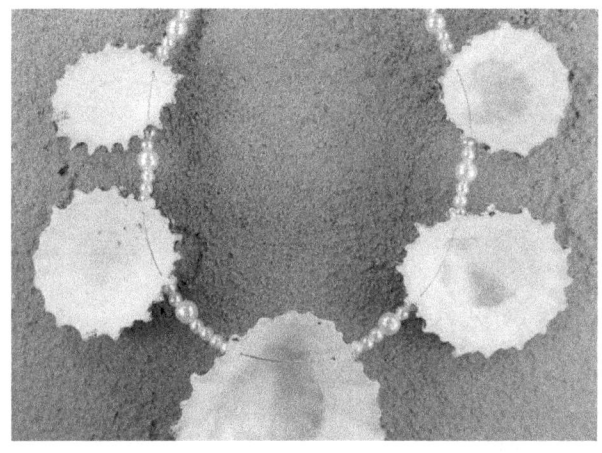

Und von hinten.
Hier lässt sich gut
erkennen, wie der
Schmuckdraht
durch die Bohr-
löcher in den
Napfschnecken
verläuft.

Blattgold kön-
nen Sie in meh-
reren Schichten
aufgetragen. Wichtig dabei ist, dass Sie zwischendurch immer mal wieder Anlegemilch auftragen und diese antrocknen lassen, bevor Sie die nächste Schicht
Blattgold auflegen.

Hier kommen jetzt meine ersten Versuche, mit dreifarbigem Blattgold zu vergolden. Ich habe zum einen die Anlegemilch nicht lange genug antrocknen
lassen, zum anderen das Blattgold zu dünn aufgetragen. Ich hätte ein zweites
Mal Anlegemilch auftragen müssen, länger warten und eine zweite Schicht
Blattgold auftragen sollen. Aber die Muscheln fand ich gerade so schön genug,
weil sie eben nicht so perfekt sind.

Detailansicht.

Im nächsten Bild sehen Sie, dass ich das Blattgold mit dem Pinsel nicht richtig in die Rillen der Muschelschalen hineingedrückt habe. Es löste sich wieder ab.

173

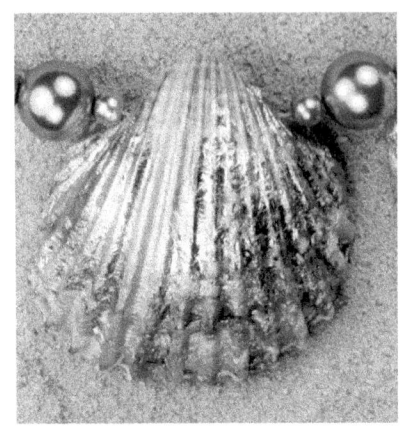

Detailansicht.

Am Ende wird die fertige Muschelschale mit einem Schutzfilm einge-
pinselt, der verhindert, dass das
Blattgold wieder abblättert.

Am Anfang war es nur ein glatter
grauer Stein. Es sollte nur ein Versuch sein, ihn mit dreifarbigem
Blattgold zu vergolden. Dass es am
Ende so ein interessantes Schmuckobjekt wird, ahnte ich zu Beginn noch
nicht. Der Stein wird mit Kupferdraht der Stärke 0,8 mm umwickelt (siehe
Kapitel *Mit Glas und Stein*, S. 133).

Umwickelter Stein.

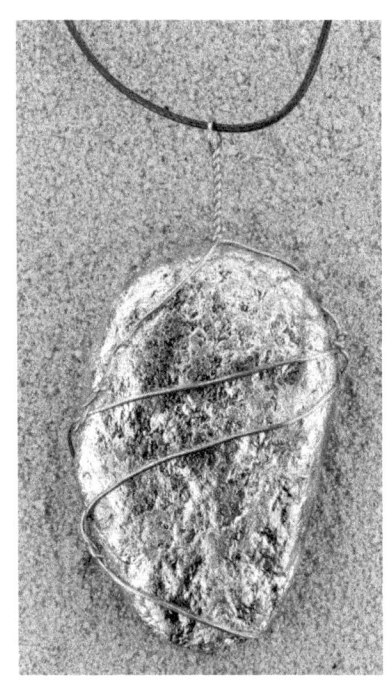

Manche Steine weisen eine eigene
Struktur auf, die Sie vielleicht mit
Gold oder Silber hervorheben möchten. Bei diesen Steinen ist es schöner,
mit Blattgold, statt mit Goldfarbe zu
arbeiten, da Blattgold einen schöneren
Glanz hat.

Bei diesem Hühnergott fiel mir die dunkle Struktur des Steines besonders ins Auge (Stein von Rügen).

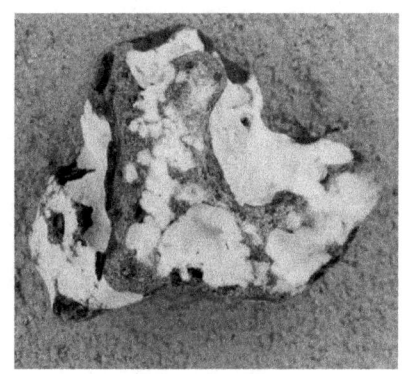

Die Struktur, die Sie mit Blattgold belegen möchten, wird mit Anlegemilch bestrichen. Das Ganze antrocknen lassen und dann mit Blattgold belegen.

Randbemerkung: Der Hühnergott
Als Hühnergott bezeichnet man in Deutschland einen Stein, meist einen Feuerstein, in dem sich ein natürlich entstandenes Loch oder mehrere Löcher befinden. Weitere Bezeichnungen sind Lochstein, Druidenstein und Linsenstein. Das Loch im Stein kann im Durchmesser von einigen Millimetern bis zu einigen Zentimetern groß sein. Man geht davon aus, dass sich an diesen Stellen einst fossile eingelagerte, organische, kalkhaltige Bestandteile einstiger Meeresbewohner befanden, wie z. B. Seelilienstängel oder Muscheln, die sich mit der Zeit witterungsbedingt herausgelöst haben. Sie finden Hühnergötter in Deutschland sowohl an der Nord- wie auch an der Ostseeküste. Schon bei den Germanen, Slawen, Angelsachsen und Alemannen herrschte der Volksglaube, dass diese Steine vor bösen Geistern schützen. Um die Hühner vor dem Fuchs zu schützen, sammelten die Bauern diese Steine und fädelten sie auf. Diese Steinkette klapperte im Wind und verscheuchte den Fuchs. Der freute sich auf windstille Tage.
Manche gehen davon aus, dass daher der Name rührt. Andere meinen, dass dem Donnergott Thor die Hühner heilig waren und sich davon der Namen herleitet. Die Hühnergötter wurden auch als Amulette verwendet, um den bösen Blick abzuwenden. Heute werden sie nur noch als Glücksbringer benutzt.

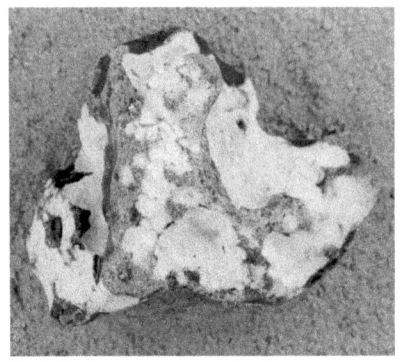

Hier ist nur die mit Rot eingefärbte Struktur, die mich an einen Felsenkletterer erinnerte, mit Anlegemilch eingestrichen.

Das fertige Schmuckstück. Mein Kletterer in der Steilwand.

Der Vorteil dieser Steine ist ihr vorhandenes Loch. Durch dieses ziehen Sie einen Schmuckdraht der Stärke 1 mm. Das eine Ende wird zur Öse gedreht, das andere Ende zum Haken. Ein Lederband wird durch die Öse gezogen und damit ist die Halskette fertig.

Rückseite des Hühnergottsteines.

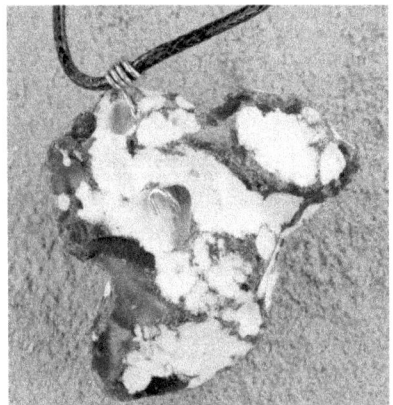

Vergolden von Zweigen

Wenn Sie Zweige vergolden, sollte die Oberfläche des Zweiges trocken und sauber sein. Am besten mit einem feinkörnigen Schmirgelpapier den Zweig etwas glattpolieren.

Der Teil des Zweigs, der vergoldet werden soll, wird mit Anlegemilch bestrichen und muss mindestens 10 bis 15 Minuten trocknen. Dann wird Stück für Stück mit Blattgold vergoldet. Dabei das Blattgold mit dem Pinsel in alle Rillen und Ritzen hineindrücken.

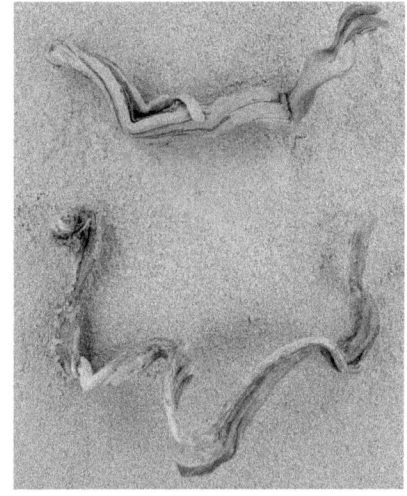

Getrocknete Thymianzweige aus Malta.

Zweig mit Blattgold.

Der vergoldete Thymianzweig am Ende der Vergoldung. Die Perle in dem Zweig wird in einer Vertiefung des Zweigs festgeklebt. Zum Schluss wird der Zweig an beiden Enden mit einem Bohrer der Stärke 0,6 mm durchbohrt und der Schmuckdraht dort mit einer Quetschperle befestigt. In die Vertiefung des Zweigs wird eine Perle gelegt und der Draht auf der Rückseite mit einer Quetschperle verschlossen. Die Rückseite des Zweiges habe ich nicht vergoldet.

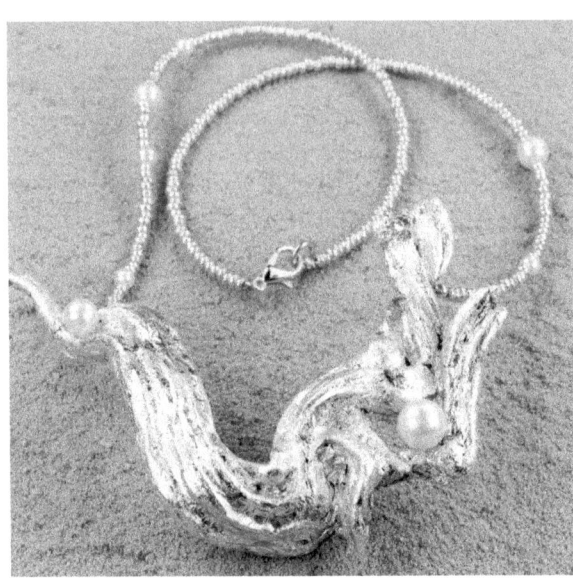

Die fertige Kette.

*Detailansicht.
Die Befestigung des durchsichtigen Schmuckdrahts an einem Ende des Zweigs.*

Das zweite Ende des Schmuckdrahts wird durch ein kleines gebohrtes Loch gefädelt und mit einer Quetschperle verschlossen.

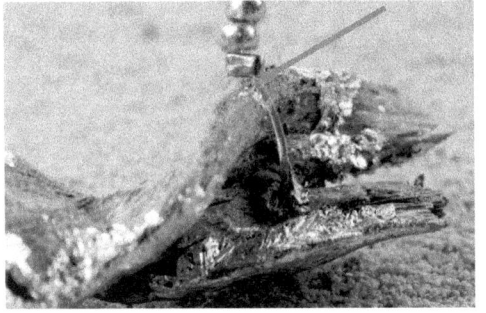

*Detailansicht.
Quetschperle mit rotem Pfeil.*

Zweites Beispiel für einen vergoldeten Thymianzweig. Hier wird der Zweig an einem vergoldeten Halsreif befestigt. Dazu wird der Zweig an zwei Stellen durchbohrt, ein durchsichtiger Perlonfaden durch die Bohrung gezogen und jeweils eine Perle aufgefädelt. Zwischen dem Perlonfaden und dem Zweig wird der Halsreif gelegt. Anschließend den Perlonfaden um den Halsreif ziehen und den Faden mithilfe einer Quetschperle verschließen. Damit ist der Thymianzweig am Halsreif befestigt. Die Perle in der Mitte wird in eine Mulde des Zweiges geklebt.

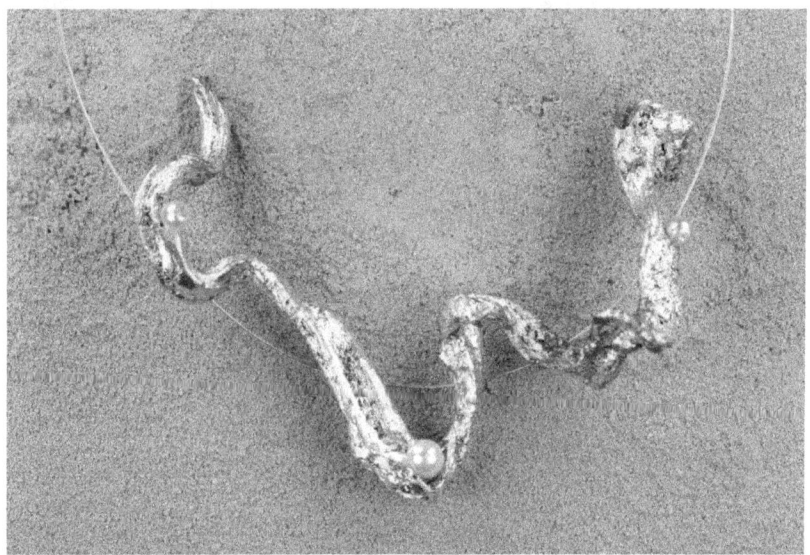

Zweiter Thymianzweig.

Versilbern von Schmuckstücken

Das Versilbern geht im Endeffekt genauso wie das Vergolden. Entweder Sie verwenden Sprühlack, Arcyl-Metallicfarbe oder Blattsilber. Bei der folgenden Halskette werden Nektarinenkerne versilbert und mit blauen Glasperlen kombiniert.

Nektarinenkerne versilbert durch Acryl-Metallicfarbe.

Gartenbänderschnecken

Oft findet man im eigenen Garten oder am Feldrand leere Schneckenhäuser. Diese Schneckenart gehört zu den Lungenschnecken und lebt überall in West- und Mitteleuropa.

Schneckenhäuser aus dem eigenen Garten.

Bevor Sie aus den alten Schneckenhäusern etwas Schönes gestalten, sollten Sie erst einmal prüfen, ob sie einer Druckbelastung standhalten können. Dazu wird das Schneckenhaus zwischen Daumen und Zeigefinger genommen und

180

etwas gequetscht. Übersteht das
Schneckenhaus diese Probe, können
Sie daraus ein Schmuckstück her-
stellen.

Die alten Schneckenhäuser werden
zuerst im oberen hinteren Drittel durchbohrt, dann mit Silberfarbe besprüht
und mit silbernen Perlen kombiniert. Die Perlen sollten am besten aus Glas
sein, da die Schneckenhäuser sehr leicht sind und die Perlen die Halskette sta-
bilisieren, sodass sie am Ende schön am Hals hängen.

Doppelreihige Halskette aus Garten-Bänderschnecken.

Viel Spaß beim Farben aussuchen, Malen, Sprühen, Vergolden oder Versilbern.

Schlusswort

Am Ende des Urlaubes sind Sie erholt, die Koffer gepackt und sie enthalten viele schöne Schmuckstücke. Ich hoffe, ich konnte Ihnen einige gute Anregungen und Ideen vermitteln, und Sie haben Spaß beim Designen und Gestalten Ihres Schmucks.

Zu Hause angekommen, findet sich immer ein Plätzchen für die kleinen Muscheln, Schneckenhäuser, Steine und was Sie sonst noch so am Strand fanden. Hier kann es dann weitergehen mit der Schmuckherstellung und Ihre Kollektion wächst und gedeiht.

Ein kleiner abgelegener Strand und mit vielen wunderschönen Schätzen, die da einfach so herumliegen. Keine Gesetze, die das Sammeln verbieten. Da kommt Freude auf.

Sie können mir gern Bilder Ihrer Schmuckstücke senden, ich freue mich ebenfalls über neue Anregungen. Ich wünsche Ihnen viel Freude beim Sammeln.

In diesem Sinne

Ihre Mima Hohmann
strandlaeuferschmuck@web.de

Adressen- und Literaturverzeichnis

Adressen

www.zoll.de
www.perlentaucher-leipzig.de
www.perlenundmehr.at
www.amazon.de
www.8seasons.com
www.Schnecken-und-Muscheln.de
www.Muscheln-und-Schnecken.de
www.wikipedia.de: Schmuck, Muscheln, Schnecken
https://pecora-nera.eu/aussterbendes-hobby-muschelsammler

Literatur

Dance, S. Peter: *Naturführer Muscheln und Schnecken.* 2. Auflage, Urania Verlag, Berlin, 2003.

Kilias, Rudolf: *Lexikon Marine Muscheln und Schnecken.* Verlag Eugen Ulmer, Stuttgart, 1997.

Lindner, Gert: *Muscheln und Schnecken.* 4. Auflage. BLV Buchverlag, München, 2013.

Schilder, Maria: *Die Kaurischnecke.* Verlag Geest & Portig, Leipzig, 1952.

Vita

Dr. Mima Hohmann lebt mit Ihrem Mann in Leipzig und ist von Beruf und mit Leidenschaft Tierärztin. Schon als Kind faszinierten sie Farben und Formen von Naturmaterialien genauso wie die Möglichkeit, daraus wundervolle Objekte entstehen zu lassen. Neben dem Basteln kamen als Jugendliche bei ihr noch das Malen und Zeichnen hinzu.

2001 eröffnete sie ihre spezialisierte Tierarztpraxis für Homöopathie und Tierphysiotherapie. Sie hat bereits zwei Bücher in der Veterinärmedizin verfasst, wo sie ihre Kreativität einsetzen konnte: *Physiotherapie in der Kleintierpraxis* und *Bewegungsapparat Hund*, beide im Thieme Verlag erschienen.

Als 2002 ein kleiner Perlenladen bei ihr um die Ecke seine Pforten öffnete, entdeckte sie ihr neues Hobby – Schmuck designen. Sie fing an, Halsketten aus Perlen zu kreieren. Auf die Idee, aus Muscheln und anderen Fundstücken Schmuck herzustellen, kam sie 2003 kurz vor ihrem Urlaub, als ihr Mann sagte: „Keine Muscheln oder sonstigen Kram mit nach Hause bringen, hier liegt schon genug herum!" Strandgut sammeln machte und macht ihr aber doch so viel Spaß. Was tun? So kam es, dass einige kleine Glas-, Holz- und Quetschperlen, zwei Meter Schmuckdraht, eine Zange und fünf Kettenverschlüsse mit in ihren Urlaub flogen. Sie sammelte wie immer Strandgut und am Ende des Urlaubes kreierte sie aus den besten Stücken Halsketten. Damit fing alles an!

Anfangs waren es Halsketten aus Muscheln und Schneckenhäusern. Mit den Jahren kamen dann Fruchtkerne und Samen, später noch Steine und Federn hinzu. Mit dem Vergolden und Versilbern von Strandgut begann sie erst vor knapp drei Jahren. Das Buch ist das Ergebnis aus 17 Jahren Schmuck designen im Urlaub und in ihrer Freizeit.

CPSIA information can be obtained
at www.ICGtesting.com
Printed in the USA
LVHW050007261120
672694LV00033B/1085